김규학이 꿈꾸는 세상

세상을 바꾸는 건
혁명이 아니라 연대다

學而思|학이사

차 례

정치와 시민, 그리고 나의 길

"우리가 가진 게 많지 않아도 함께 나눌 수 있는 마음은 누구보다 많다."

대구 북구의 골목에서 배운 공동체의 힘

나는 대구 북구의 좁은 골목에서 자랐다. 낡은 슬레이트 지붕에 떨어지는 빗소리가 내 어린 시절의 자장가였고, 겨울이면 골목마다 연탄 냄새가 스며 있었다. 사람들은 가진 것이 많지 않았지만 마음만큼은 풍요로웠다.

골목에는 또래 아이들이 뛰어다니며 어울려 놀고, 앞뒷집에서는 서로의 아이를 돌보고, 아픈 이웃을 대신 간호하면서 따뜻한 정을 나누며 살던 시절이었다. 이런 이웃의 다정함을 한껏 느끼게 했던 우리 동네가 내게는 첫 정치 교과서였다.

어머니는 늘 말씀하셨다. "우리가 가진 게 많지 않아도 함께 나눌 수 있는 마음은 누구보다 많다." 그 말은 내 삶의 첫 철학이 되었고, 지금까지 내 정치의 근본으로 남아 있다.

"인생의 진정한 의미는 자신이 앉지 않을 그늘을 만들기
위해 나무를 심는 것이다."(Nelson Henderson)

넬슨 헨더슨(Nelson Henderson)은 개인의 삶과 윤리를 통찰하고 미래 세대를 위한 사회적 안전망으로서의 그늘(shade)을 삶과 제도 안에서 제안하였고, 넬슨 만델라(Nelson Mandela)는 복수 대신 화해를 선택하고 국가를 위한 스스로의 희생이라는 그늘(shade)를 남긴 사람이다. 그는 인종차별의 땅 남아프리카에서 평등과 화해를 위해 27년을 감옥에서 보냈고, 출소 후에도 복수가 아닌 용서를 선택했다. 그로 인해 시작된 '진실과 화해위원회(Truth and Reconciliation Commission)'는 분열된 사회를 치유했고, 남아프리카공화국을 인류 역사상 가장 평화적인 정권전환국가로 만들었다.

대한민국에서도 현대사 전반의 반민주·반인권적 사건 등에 대한 진실을 밝혀내기 위해 2005년 5월 31일 여·야 합의로 「진실·

화해를 위한 과거사정리기본법」이 제정되었다. 이에 따라 독립적인 위원회가 2005년 12월 1일 출범한 이후 개정 법률에 따라 2020년 12월 10일 '진실·화해를 위한 과거사정리위원회' 가 출범하였다.

위원회는 항일독립운동, 반민주적 또는 반인권적 행위에 의한 인권유린과 폭력·학살·의문사 등을 조사하여 왜곡되거나 은폐된 진실을 밝혀냄으로써 민족의 정통성을 확립하고 과거와의 화해를 통해 미래로 나아가기 위한 국민통합에 기여하고 있다.

넬슨 만델라의 리더십은 상처를 이념으로 이용하지 않고, 희망의 씨앗으로 바꾼 정치였고, 대한민국에서도 과거와의 화해를 통해 미래로 나아가는 길을 찾았다.

나는 그 정신을 대구에서 실천하고 싶다. 도시의 갈등과 세대의 단절, 지역 간 격차를 '서로의 이해' 로 바꾸는 일을 하고 싶다.

나의 정치는 그늘을 남기는 일이다. 정치를 통해 정치가로서의 명예와 성취, 존경을 받고자 하는 것이 아니라 인간으로서의 분노·고통·희생·모순 같은 그늘(shade)에 나의 정치를 남기는 길을 걸으면서 주민들을 위한 희생, 정치적 타협, 인간적 고뇌를 안고 가려는 것이다.

비록 넬슨 만델라의 리더십에 비할 때 큰 길은 아니지만 나의 이 작은 길이 만들어진다면 대구는 경제적으로 풍요로울 뿐 아니라 마음이 통하는 도시가 될 것이라는 믿음이 나를 걸게 하고 있다.

불평등과 행정의 벽 앞에서 깨어난 소명

이렇게 시작된 나의 첫 번째 그늘은 초선 시의원 시절부터 하나씩 나타났고, 지금도 그 길 위에 서 있다. 초선 시의원 시절, 복지관의 복도에서 한 어머니를 만났다. 서류 한 장이 누락되어 복지사업 지원을 받지 못한 그녀는 조용히 말했다.

"의원님, 제게 필요한 건 동정이 아니라 기회예요."

그 한마디는 내 마음 깊은 곳을 흔들었다. 법은 완벽했지만 행정은 차가웠고, 제도는 존재했지만 사람은 사라져 있었다. 그날 그 어머니를 만나고 깨달았다. 정치는 법의 언어로 사람을 재단하는 일이 아니라 사람의 언어로 제도를 고치는 일이어야 한다.

"세상을 바꾸는 것은 거대한 혁명이 아니라,
작지만 끈질긴 연대다."(Vaclav Havel)

바츨라프 하벨(Vaclav Havel)은 체코의 민주화 운동가로 검열과 독재에 맞서 펜으로 싸웠고 '진실의 힘(Power of the Truth)'이라는 믿음으로 혁명을 이끌었다. 그가 주도한 '벨벳 혁명(Velvet Revolution)'은 피 한 방울 흘리지 않고 독재를 무너뜨렸다. 하벨이 만든 새로운 체제는 시민이 중심이었고 체코는 유럽에서 가장 안정된 민주주의 국가로 자리 잡았다.

그의 정치가 남긴 결과는 단순한 체제 교체가 아니었다. 도덕과 정치의 화해 그리고 시민이 주인인 사회였다. 나는 그 길을 좇

고자 한다. 나의 그늘은 바로 시민과 함께 있다.

행정의 문턱에 걸린 시민의 권리를 되찾고 제도의 틈 사이에 놓인 사람들의 삶을 다시 잇는 일. 내가 대구에서 이루고 싶은 정치는 바로 그런 '시민 중심의 연대'를 통해 대구가 더 이상 행정이 지배하는 도시가 아니라 사람이 주인이 되는 도시로 거듭나도록 하는 일이다.

시의원 3선의 경험 — 발로 뛰며 듣는 민생의 소리

정치에 발을 들인 이후 지금까지 나는 단 한 번도 신발끈을 느슨히 묶지 않았다. 언제나 주민들 곁에서 주민들과 함께 있었다. 어제도 오늘도 주민들 곁에 있었고 내일도 주민들 곁에 있을 것이다.

비가 오면 침수된 배수로를 점검했고 눈이 오면 독거 어르신의 집을 찾았다. 시민의 고통이 있는 곳이라면 그 어디라도 내 현장이었다. 물론 주민들의 행복과 즐거움도 함께 나누고 함께 웃고 함께 춤을 추기도 했다.

현장은 늘 차가웠지만 그 속의 사람들은 내게 세상의 온기를 가르쳐 주었다.

네 번의 선거를 거치며 나는 권력을 얻은 것이 아니라, 시민의 숙제를 맡았다고 생각했다. 정치는 말이 아니라 걸음으로 증명하는 일이다. 그래서 나는 의회보다 골목을, 보고서보다 눈빛을 먼저 찾았다. 바로 신발끈을 느슨히 묶지 못하는 이유이다.

김대중 대통령은 내가 존경하는 지도자였다. 그는 오랜 투옥과 망명을 견디며 우리나라 민주주의를 이끌었고 IMF 위기 때 '국민의 정부'를 세워 복지와 구조개혁을 함께 추진했다.

그의 리더십은 단순한 경제 회복이 아니라 국가의 자존심을 되찾은 역사적 전환이었다. 그가 남긴 성과로 한국은 외환위기 이후 불과 몇 년 만에 경제를 회복했고, 기초생활보장제도를 도입하며 복지국가의 초석을 세웠다.

아마르티아 센(Amartya Sen)은 복지를 인간의 자유로 해석했다. 그의 연구는 세계은행과 UN의 정책 방향을 바꾸었고 '인간개발지수(HDI)'의 개념을 탄생시켰다. 그래서 세계 여러 나라의 복지정책은 시혜에서 자립과 역량 중심의 복지로 전환되었다.

"정치의 목적은 사회적 약자를 돕는 것이 아니라, 그들이 스스로 설 수 있는 기회를 만드는 것이다." (Amartya Sen)

아마르티아 센의 철학은 프랭클린 D. 루스벨트(Franklin D. Roosevelt)의 '뉴딜(New Deal)' 정책과 맞닿아 있다. 대공황의 절망 속에서 그는 사회보장제도, 공공고용, 인프라 사업을 통해 1,500만 명 이상의 일자리를 창출했고 미국 경제를 되살렸다. 그 결과, 미국은 단순한 경기회복을 넘어 '기회의 사회'를 이루었다.

나는 루스벨트의 정책이 미국을 변화시켰듯 대구에서도 "사람 중심의 뉴딜"을 이룰 수 있으리라 확신한다. 복지와 일자리, 교육과 기술혁신이 연결된 도시경제 모델이라면 대구는 단순한 산업도시를 넘어 사람이 성장하고 기업이 공존하는 지속가능한 도시가 될 것이다.

또 경제 위기 속에서도 시민의 존엄을 지키고 복지와 산업이 함께 성장하는 도시가 완성된다면 대구는 일자리가 늘어나고 소외된 이웃이 줄어들며 사람이 행복한 경제도시로 거듭날 것이다. 이 책에서도 시민의 존엄을 지키는 복지와 사람이 행복한 경제도시를 향한 꿈을 이야기한다.

진심이 통할 때 희망이 자란다

정치란 결국 신뢰의 예술이라 했다. 신뢰는 화려한 말로 얻어지는 것이 아니라 진심으로 쌓인다. 매일의 회의와 끊임없는 현장, 비판 속에서도 흔들리지 않는 일상의 헌신 속에서 진심이 통하는 정치로 희망을 싹틔울 수 있다고 믿는다. 정치의 중심은 제도가 아니라 사람이며 진심이 통할 때 희망은 자라기 때문이다.

"지도자는 희망의 상인이다." (Napoleon Bonaparte)

나폴레옹 보나파르트(Napoleon Bonaparte)는 전쟁의 천재였지만 동시에 제도 개혁의 건축가였다.

그가 만든 『나폴레옹 법전(Code Napoleon)』은 신분과 출신에 관계없이 모든 국민에게 법 앞의 평등을 보장했다. 이 법전은 오

11

늘날까지 유럽 대륙법의 기초가 되었으며 전쟁 후에도 프랑스의 사회질서를 재건하고 근대 시민사회의 모델로 자리 잡았다.

또한 존 F. 케네디(John F. Kennedy)는 짧은 생애에도 불구하고 인류의 시야를 우주로 확장시켰다. 그의 '뉴프런티어 정책'은 과학기술, 인권·평화를 통합한 비전이었고, 아폴로 계획을 통해 인류는 달에 닿았다.

존 F. 케네디는 "국가가 당신에게 무엇을 해줄 수 있는지를 묻지 말고, 당신이 국가를 위해 무엇을 할 수 있는지를 물으라." 라고 외치면서 세대의 의식을 바꿨고 참여와 헌신의 정치문화를 만들었다.

나는 이 두 지도자의 정신을 대구에서 실천할 준비를 마쳤다. 법과 제도의 공정성을 강화하고 시민이 주체가 되는 참여의 도시로 만들고 정치가 진심을 잃지 않는다면 시민의 신뢰는 다시 피어나고 그때 대구는 '희망이 자라는 도시', 시민이 주인공인 공동체 민주주의의 모범 도시가 될 것이라 확신한다.

정치는 약자를 돕는 것이 아니라 그들이 스스로 설 수 있는 사다리를 놓는 일이다.
복지는 사람을 지키는 울타리이고,
경제는 사람의 꿈을 키우는 토양이다.
나는 늘 그 두 가지를 함께 본다.
주민들과 함께, 주민 곁에서.

예산결산특별위원회위원장
김 규 학
me212.2001@daum.net
위 원 장

현장이동민원실 · 주민먼저민원실
"정치는 먼 곳이 아니라, 주민의 문 앞에서 시작된다."

어느 겨울날, 눈비가 뒤섞여 내리는 골목에서 비를 맞으며 구청 앞을 서성이던 한 어르신을 만났다.

"서류 하나 떼러 왔는데, 어디로 가야 할지 모르겠다"고 하셨다.

그분의 차가운 손은 떨리고 있었다. 그 순간 나는 깨달았다. 정치란 거대 담론이 아니라 한 사람에게 필요한 도움을 제때, 정확히 건네는 일이라는 것을.

구청이 아무리 크고 화려해도 시민이 그 문을 어렵게 느낀다면 행정은 제 역할을 다했다고 말할 수 없다. 행정의 중심은 건물이 아니라 사람이어야 한다. 그리고 그 사람에게 다가가는 것이 바로 정치의 시작이다.

정치는 원래 움직이는 것이어야 한다.

사람이 있는 곳으로,

문제가 생기는 곳으로,

도움이 필요한 곳으로.

그러나 현실의 행정은 종종 "이 서류를 챙겨오세요, 다시 방문하세요"라고 요구한다. 즉, 주민이 행정에 맞추기를 강요받는 구조이다.

하지만 진정한 공공은 그 반대여야 한다. 행정이 주민에게 가고, 공무원이 불편을 찾아가고, 제도가 시민을 기다리지 않고 먼저 움직여야 한다.

이것이 바로 '현장이동민원실'과 '주민먼저민원실'이 필요한 이유다.

지역 곳곳을 다니다 보면 의외로 많은 사람들이 민원처리 하나에 하루를 보내고, 고충을 이야기할 곳을 찾지 못하고, 행정 문턱 앞에서 주저한다. 작은 불편이 쌓이면 삶은 피곤해지고 행정은 멀어지고, 정치는 불신을 불러온다.

하지만 역설적으로, 행정이 단 한번 제대로 다가가면 주민은 "아, 우리를 실제로 챙기는구나"라며 오랜 불신을 단숨에 회복하기도 한다.

민원은 갈등이 아니라 도움 요청의 신호이고 그 신호를 빨리 듣기 위해 행정이 움직여야 한다.

현장이동민원실은 행정이 주민을 찾아가는 행동 형태의 정치다. 주민먼저민원실은 민원을 '줄 세우지 않는' 관점 형태의 행정이다. 둘이 만나면 북구는 전국에서 가장 먼저 주민에게 다가가는 선도형 생활행정 도시가 될 수 있다.

관공서에 오지 않아도 되는 행정, 어르신·노약자·장애인에게 먼저 다가가는 돌봄형 민원, 지역 갈등을 초기에 찾아 조정하는 갈등예방행정, 민원을 두려워하지 않는 '열린 행정문화', 방문하지 않아도 해결되는 원스톱서비스, 이 모든 것은 행정의 의지와 철학이 바뀌어야 가능하다. 그리고 나는 그 변화를 북구에서 가장 먼저 시작하기를 희망한다. 그 시작을 하고 싶다.

나는 행정이 시민에게 다가가는 구조를 만들려고 한다. 주민이 도움을 요청하면 "오세요"가 아니라 "지금 바로 찾아가겠습니다"라고 말할 수 있는 행정을 만들겠다.

정치란 시민의 시간을 아껴주고, 시민의 발걸음을 줄여주고, 시민의 마음의 짐을 덜어주는 일이다. 현장이동민원실과 주민먼저민원실은 새로운 행정 프로그램이 아니라 새로운 정치의 태도, 새로운 시민존중의 언어, 새로운 공동체의 시작이다.

북구는 이제 행정이 움직이는 도시, 행정이 찾아가는 도시, 행정이 사람에게 귀 기울이는 도시로 거듭나야 한다. 그리고 나는 그 길의 맨 앞에서 주민 한 사람 한 사람의 손을 잡고 함께 걷겠다.

■ 개념
- 현장이동민원실: 관공서에 오기 어려운 지역(전통시장 · 골목상권 · 주거취약지 · 노인 밀집 지역 등)에 행정서비스팀이 직접 방문하여 상담 · 접수 · 처리하는 이동형 민원센터
- 주민먼저민원실: 구청 내에 '우선처리 · 즉시상담 · 부서연계'를 한 자리에서 해결하는 민원 우선처리 전용 창구

■ 목표
- 주민의 이동 부담 제로화

- 민원이 "행정의 문턱을 넘지 않아도" 해결되는 구조
- 고령자·장애인·저소득층·소상공인 등 행정 접근성이 낮은 계층 우선 지원
- 민원처리 속도 혁신 → 행정 신뢰 제고
- 취약지역 문제를 사전 탐지하는 예방행정 실현

■ 현장민원실 설치

- 이동상담버스 또는 팝업 부스 설치
- 번호표·상담용 태블릿·모바일 접수 시스템 가동
- 프라이버시 위해 개별 상담부스 설치
- 1:1 맞춤 상담
- 해결 가능한 민원은 현장에서 즉시 처리
- 부서 협조가 필요한 민원은 현장보고 → 당일 회의 → 3일 내 통지

■ 정책의 필요성

- 고령·장애·취약계층의 행정 접근성 한계 극복
- 골목상권·전통시장 민원 특성 반영
- 신규 개발·이주 지역의 빠른 정착 지원
- 분산된 민원 → 통합 처리 필요

■ 효과 분석

• 민원 처리 속도 향상

• 취약계층의 행정 접근성 확대

• 지역 현안 파악 속도 증가

• 행정 신뢰 제고

• 상권 활성화 효과

■ 정책적 의의

- 북구형 '찾아가는 행정모델' 표준화
- 행정권력의 중심을 주민에게 이동
- 정치적 대표성과 행정적 집행력의 결합
- 지역 공동체 회복

김규학이 꿈꾸는 세상

**세상을 바꾸는 건
혁명이 아니라 연대다**

제1장

나의 꿈, 나의 정치, 약자와의 동행

국민주권시대 – 주민이 먼저인 행정
동행이룸센터

제1장

나의 꿈, 나의 정치,
약자와의 동행

사람이 곧 정치이고, 정치가 곧 사람이다

새벽의 길, 정치의 길

북구의 새벽은 언제나 고요하다. 낙동강 위로 안개가 낮게 깔리고, 강둑의 억새풀은 아직 이슬을 품은 채 고개를 숙이고 있다. 그 길을 걸을 때마다 내 마음속에는 늘 같은 물음이 피어난다.

나는 왜 정치를 하는가.

정치는 내게 직업이 아니었다. 그것은 사람의 삶에 한 줄기 온기를 더하려는 마음의 확장이었고, 세상이 조금이라도 덜 외롭기를 바라는 진심의 실천이었다.

어릴 적 북구의 좁은 골목에서 자랐던 기억이 아직도 생생하다. 부엌 창문으로 새어 나오던 된장국 냄새, 이웃집 아이들의 이름을 부르며 뛰어놀던 목소리, 그리고 서로의 살림살이를 걱정하던 사람들의 정. 그 시절의 세상은 가난했지만 이상하게도 더 따뜻했다. 나는 그 안에서 '사람이 사람을 지탱한다'는 진리를 배웠다. 그것은 훗날 내가 정치를 시작하게 된 근원이 되었다.

정치는 멀리 있는 권력이 아니라 가까운 대화였다. 사람과 사람이 서로의 말을 듣고, 마음을 나누고, 다름을 존중하는 순간에 정치의 진짜 형태가 드러난다. 나는 그 사실을 깨닫는 데 오랜 시간이 걸렸지만, 결국 알게 되었다.

"공공성은 투명한 대화와 참여 속에서만 유지된다."
(Habermas)

하버마스의 이 말은 정치의 본질을 한 문장으로 꿰뚫는다. 정치란 거창한 결정을 내리는 행위가 아니라 서로의 삶이 만나는 자리이며, 사람의 말이 법보다 먼저 울리는 공간이다. 나는 그 대화의 무게를 지키는 사람으로 남고 싶었다.

그리고 문득, 김대중 대통령의 말이 떠올랐다.

"정치는 인간을 행복하게 하기 위해 존재한다." (김대중)

그의 정치철학은 나에게 또 다른 길을 비춰 주었다. 정치가 제도나 권력이 아니라 사람의 존엄을 세우는 일이라는 깨달음이었다. 복지는 시혜가 아니고 경제는 숫자가 아니다. 결국 정치는 사람을 위한 언어로 말해야 한다. 한 사람의 삶이 조금 더 따뜻해지는 방향으로, 한 시민의 하루가 덜 불안해지는 쪽으로 나아가야 한다.

정치 초년 시절, 한 노인에게서 편지가 왔다. 종이는 구겨져 있었고, 잉크는 번져 있었다.

"의원님, 우리 집 앞 도로에 가로등이 없습니다. 밤마다 손녀가 겁을 내요."

그 짧은 문장은 행정의 보고서보다 훨씬 무거웠다.

나는 곧장 그 길을 찾아갔다. 골목은 어두웠고 바람이 불면 먼지가 흩날렸다. 노인은 마당가의 낡은 의자에 앉아 내게 말했다.

"의원님, 여긴 불빛보다 사람이 더 그립습니다."

그 말이 내 가슴을 강하게 울렸고, 그날 나는 깨달았다. 정치는 법조문이 아니라 주민 곁에서 주민과 함께 체온을 나누어야 비로써 인간의 행복을 위한 정치가 된다는 것을.

몇 달 후, 그 골목에 가로등이 켜졌다. 그 불빛 아래에서 아이가 웃었고, 노인은 미소를 지었다.

공정, 연대, 책임― 정치의 세 기둥

시간이 흐르고 더욱 성숙한 정치가를 꿈꾸며 주민과 함께하는 동안 나는 정치로부터 나오는 권력의 무게를 배웠다. 회의장의 공기는 차갑고 결정의 순간은 종종 인간적인 온도를 잃었다. 나는 그 안에서 자주 스스로에게 물었다. 이건 사람을 위한 결정인가 아니면 정치의 관성인가.

"정치인은 권력의 세계 속에서 살지만, 그 권력을 초월할 때만 존경받는다." (Weber)

막스 베버의 말은 내 마음을 오랫동안 붙잡았다. 정치는 봉사의 이름으로 시작되지만, 그 이름을 잃을 때 권력은 타락한다. 그래서 나는 늘 현장으로 향했다. 정책의 도표보다 사람의 표정에서 정답을 찾고 행정의 숫자보다 주민의 한숨에서 방향을 들었다.

가장 약한 사람의 편에 서는 것, 그것이 정치의 첫 번째 의무였다. 나는 청년창업정책을 설계할 때마다 물었다. 자본이 없는 청년도 참여할 수 있는가? 복지정책을 만들 때마다 되물었다. 정보접근이 어려운 사람도 이 제도를 알 수 있는가?

"정치는 도덕 위에 서야 한다." (윤보선)

윤보선 대통령의 말은 내 정치에서 오랫동안 나침반이었다. 도덕 없는 권력은 오래가지 못하고, 정의 없는 속도는 결국 길을 잃는다. 정치란 단기적 승리가 아니라, 올곧은 길 위에서 국민과 함께 걷는 장거리 경주다.

사회적 책임, 정의와 연대, 약자와의 동행, 이 모든 명제들은 정치는 권력이 아니라 다만 가장 약한 사람들, 즉 국민들과 함께 현장에서 마음을 나누는 것임을 깨닫게 하는 이정표이다.

코로나19 팬데믹으로 시장이 무너지고 상권이 침체되었을 때, 나는 자영업자들과 밤을 새웠다. 그들은 피곤했지만 포기하지 않았다.

"우리 같이 버텨 봅시다."

누군가 그렇게 말했다. 그 말 속에는 눈물 대신 온기가 있었다. 서로의 고통을 나누는 인간의 체온이었다.

"사람 사는 세상, 그게 내가 바라는 대한민국입니다."(노무현)

노무현 대통령의 그 말은 늘 내 마음의 한가운데 있다. 정치는 제도가 아니라 관계이고 공동체는 문서가 아니라 마음의 약속이다. 그리고 책임, 그것은 정치인의 마지막 양심이었다. 실패했을 때 숨지 않는 것, 다시 시도하겠다고 말할 수 있는 용기, 그 용기가 바로 신뢰의 시작이었다.

복지와 성장, 따뜻한 균형의 정치

정치는 늘 복지와 성장의 사이에서 흔들린다. 그러나 나는 한 청년의 말을 듣고 그 논쟁의 중심을 찾았다.

"의원님, 복지가 없으면 도전이 무섭습니다."

그 말은 내 마음에 오래 남았다. 복지는 의존이 아니라 도전의 안전망이었다. 불안이 줄어들면 사람은 꿈꾸고, 꿈꾸는 사회는 성장한다.

복지는 자유를 넓히고 경제는 그 자유를 지속시키는 힘이다. 복지와 경제가 손을 잡을 때 사회는 숨을 쉬고 지역은 살아난다. 나는 그 균형을 '따뜻한 성장'이라 부른다.

"하면 된다." (박정희)

박정희 대통령의 외침은 시대마다 다르게 해석되지만 나는 그 속에서 '의지의 정치'를 읽었다. 단순한 낙관이 아니라, 절망 속에서도 길을 내는 인간의 결단이었다. 복지와 성장, 약자와 경제, 과거와 미래, 이 모든 균형은 함께일 때 가능하다.

이제 나는 그 말을 이렇게 바꾸고 싶다.

"함께 하면 된다."

약자와의 통행은 단순히 사회적 약자와 함께하고 이들의 어려움과 힘듦과 아픔을 어루만져 주는 단순한 시혜나 복지가 아니다.

그들은 질병·장애·노년·실직·양육·이주·차별 등 사회 구조의 틈새 속에서 보호망이 닿지 않는 모든 사람들로 한때는 누구나 약자가 될 수 있고, 모든 시민은 서로의 약자를 품는 공동체적 관계망 속에 존재하고 있다.

"사회적 존재가 사회적 약자이고 동행의 대상이다."

그들이 스스로 서고, 배우고, 일하며, 존엄을 유지할 수 있는 사회적 기반과 제도적 연대가 필요하다. 이를 위해서는 돌봄과 교육, 고용과 주거, 의료와 문화가 서로 연결된 정책 생태계가 필수적이다. 행정의 단일 부문이 아닌, 지역사회 전체가 참여하는 협력적 돌봄·통합적 복지 모델이 곧 지속가능한 정치의 뿌리이다.

나는 정치를 통해 만들고자 하는 정책과 비전들은 바로 그러한 연대의 확장을 위한 실천이다.

"약자와 동행하는 정치"는 동정이 아니라 존엄의 회복이며, "사회적 연대"는 정책이 아니라 삶의 구조이며, 나의 정치 철학이자 목적이다.

나는 이 책에서 주민 속에서 주민과 함께 모두가 동행할 수 있는 길을 만들어 나가려고 한다.

함께 걷는 길 위에서

지금도 나는 새벽마다 금호강 변을 걷는다. 공기는 차갑지만 강물은 묵묵히 흘러가고 그 속에서 수많은 얼굴이 떠오른다. 가로등 아래의 노인, 창업을 준비하던 청년, 시장의 상인, 학교를 향해 달리던 아이들. 그들의 미소와 눈빛이 내 정치의 이유였다.

"정치는 권력이 아니라 약속이며, 명예가 아니라 책임이다."

그 문장이 내 마음속에 남는다. 정치는 혼자 달리는 경주가 아니라 시민과 속도를 맞추는 여정이다. 함께 걸으면 더 멀리 갈 수 있다. 나는 오늘도 그 길 위를 걷는다. 느리지만 흔들림 없는 걸음으로, 사람과 함께, 약자와 함께, 그리고 미래 세대와 함께.

정치의 생명은 신뢰다. 그 신뢰는 말이 아니라 행동에서 자란다.

"공공성은 투명한 대화와 참여 속에서만 유지된다."
(Habermas)

이 글은 나에게 하나의 원리로 이어졌다. 그것은 행정의 의무가 아니라 정치인의 양심이었다. 정치는 감추는 일이 아니라 드러내는 일이며 권력은 소유가 아니라 위임이다. 신뢰를 잃은 정치는 이름만 남고, 신뢰를 얻은 정치는 세대의 기억이 된다.

행정의 혁신, 국민을 위한 구조

한국의 행정은 여전히 '효율'을 중심으로 설계되어 있다. 그러나 효율은 때로 인간을 잊게 만든다. 서류는 빠르지만 사람은 느리고 복잡하다. 그 간극 속에서 국민은 점점 '국가로부터의 거리'를 느낀다.

"정의는 공정한 제도를 통해서만 실현될 수 있다." (Rawls)

행정이란 국민의 편의를 위한 장치이지 권위를 위한 제도가 아니다. 민원은 자동화되었지만, 공감은 여전히 수동이다. AI가 행정의 손이 될 수는 있지만 마음이 될 수는 없다. 미래의 행정은 기술의 행정이 아니라, 관계의 행정으로 변해야 한다. 정책은 데이터로 설계되지만 변화는 사람의 공감으로 완성된다.

복지의 철학, 공감의 정치

복지는 예산이 아니라 국가의 철학이다. 제도가 아무리 정교해도, 그 속에 진심이 없으면 사람의 마음은 움직이지 않는다. 복지는 누군가를 '돕는 일'이 아니라 '누구도 버려지지 않게 하는 일'이다.

"정치는 인간의 존엄을 지켜주는 일이어야 한다." (김대중)

김대중 대통령의 이 말처럼 복지는 행정이 아니라 인간의 존엄을 회복시키는 정치다. 제도는 숫자를 다루지만, 복지는 이름을 부른다. 복지의 언어가 사람의 언어로 번역될 때 비로소 정치가 된다.

대한민국의 복지는 생존을 넘어 삶의 품격을 보장하는 복지로 나아가야 한다. 물질의 나눔보다 정서의 돌봄이 중요하고 행정의 관리보다 인간의 신뢰가 우선되어야 한다. 복지는 나눔이 아니라 함께 사는 기술이다.

▶ 대구형 복지 철학

약자를 '도움받는 존재'가 아니라 공존의 파트너로 인식하고, 정책의 기준은 "그 정책이 가장 약한 사람에게 어떤 영향을 미치는가"로 삼아야 하며, 행정의 효율보다 정의와 포용을 우선시하는 정치 윤리를 견지하여야 한다.

이를 위해 약자와 전문가, 시민단체, 지역기업을 잇는 '사회연대 거버넌스' 구축하고, 정책의 설계·집행·평가 과정에 당사자의 목소리를 직접 반영하며, 정치인의 언어가 아닌 경청의 언어로 약자와 대화하는 플랫폼을 제공할 필요가 있다.

▶ 대구형 복지 제안

- 돌봄·의료·교육·고용·주거를 연결하는 통합적 사회안전망 구축
- 복지정책을 단순 지원에서 벗어나 자립과 참여 중심으로 전환
- 사회적 기업·협동조합·공공일자리 등 포용경제 기반을 강화
- 사회적 약자 동행 거점(기억학교, 잡월드, 동행이룸센터)을 조성

동행이룸센터

"사람은 누구나 언젠가는 약자가 된다. 그래서 약자를
돕는 일은 곧 미래의 나를 돕는 일이다."

나는 정치인의 길을 걸어오면서 수없이 많은 사람들의 삶의 순간을 마주했다.

장애로 인해 출근길마다 세 번은 멈춰 서야 했던 청년, 언어 장벽 앞에서 울음을 삼키던 다문화 가정의 아버지, 돌봄과 생계를 동시에 감당해야 하는 노인 부부, 공장 폐업과 함께 하루 만에 일터를 잃은 중년, 불안과 고립 속에서 다시 일어설 기회를 찾던 청년, 그리고 그 사이 어디쯤에서 도움을 청할 곳조차 몰라 하루를 버티던 이웃들. 이들의 이야기는 특별하지도, 드라마틱하지도 않다. 그렇기에 더 아프고 더 현실적이다.

정치는 바로 이 평범한 삶들에서 가장 중요한 질문을 받는다.

"우리는 정말 서로를 버티게 하고 있는가?"

함께 산다는 것은 단순히 거리의 공간을 공유하는 것이 아니라 서로의 삶을 견디게 하는 공동의 울타리를 만드는 일이다. 국가가 약자를 대하는 방식은 그 사회의 품격을 결정한다. 그리고 지방정부가 약자를 지원하는 방식은 그 도시의 미래를 결정한다.

모두가 강해지기를 요구하는 사회는 결국 누구도 지켜주지 못한다. 약자를 품는 도시만이 지속가능한 공동체로 살아남는다.

오늘의 북구에도 사회적 약자들이 있다. 장애인, 다문화 가정, 노인·독거노인, 한부모 가정, 경력단절 여성, 비정규 노동자, 취업준비생, 청년·청소년, 돌봄이 필요한 아동, 이주노동자, 이들은 결핍이나 부족의 문제가 아니라 '연결되지 못한 구조'에 갇혀 있다.

도움은 많지만 흩어져 있고, 정보는 있지만 접근이 어렵고, 기관은 많지만 서로 연결되지 않는다. 그래서 도움을 받아야 할 사람이 정작 가장 먼저 지쳐 버린다.

이것이 지금 우리가 마주한 구조적 약자성이다.

'동행이룸센터'는 단순한 복지지원 창구가 아니다. 이곳은 북구의 모든 사회적 약자를 위한 종합지원·교육·도움·연결 플랫폼이다.

말 그대로 "사회적 약자가 홀로 서게 되는 곳, 그리고 혼자서 서지 않아도 되는 곳" 그것이 동행이룸센터의 철학이다.

정치는 거대한 국정 문제만을 다루는 것이 아니다. 정치는 눈물 한 방울이 떨어지기 전에 누가 먼저 손을 내미는가의 문제다.

동행이룸센터는 약자 중심 행정의 대표로 브랜드화하고 청년·장년·노약자가 함께 성장하는 '풀 라이프 케어' 모델로 발전시킴으로서 지역 공동체 회복과 갈등 감소 정책의 얼굴이 되는 핵심 대표기관(Flagship Institution)으로 성장하여야 한다.

동행이룸센터는 단순한 복지기관이 아니라, 한 사람의 삶이 무너지지 않게 붙잡아주는 안전망이자 다음 기회를 향해 다시 걷게 해주는 재도전 플랫폼이다. 북구가 먼저 포용의 도시로 서면, 대한민국 복지의 새로운 기준이 될 것이다.

나는 북구에서 약자도 존엄하게 살아갈 수 있는 생활 인프라를 구축히고 어디에서나 누구든 도움을 받을 수 있는 열린 행정을 통해 지역사회가 함께 참여하는 연대 기반 정책을 만들려고 한다.

동행이룸센터는 이 약속을 현실로 만드는 첫 번째 제도적 기둥이 될 것이다.

■ 설립 목적

"모든 주민이 사회적 조건 때문에 기회에서 배제되지 않고, 함께 성장하며 자립할 수 있도록 지원하는 북구의 대표 포용 플랫폼 구축"

동행이룸센터는 장애인, 다문화가정, 노약자, 청년, 취업준비생, 경력단절자, 노동자, 한부모 가정, 저소득층, 심리·정서적 취약계층 등에게 정보·교육·복지·취업·권익 보호·문화 기회를 통합적으로 제공하는 원스톱 통합 지원기관이다.

■ 기본철학

- 동행(同行) - 누구도 혼자 두지 않는 사회
- 연대(連帶) - 주민·기관·기업·학교가 함께 해결
- 기회(機會) - 출발선이 다른 이들에게 조건·기회를 보정

- 자립(自立) - 일자리·교육·복지로 지속가능한 삶을 지원
- 포용(包容) - 차별을 줄이는 것이 도시 경쟁력임을 인정

■ 장애인 자립 · 직업 지원

- 개인 활동지원사 매칭
- 발달 · 지적 장애인 사회적응훈련
- 직업적응훈련·현장훈련(편의점·물류·공공기관)
- 보호작업장 및 중증장애인 생산품 판로 연계
- 이동권·편의시설 모니터링단(지역 참여형)

■ 다문화 가족 · 이주민 지원

- 한국어학습, 생활한국 적응교육
- 모국어-한국어 양방향 통번역 지원
- 자녀학습 지원, 문화이해 교육
- BFS(가족관계 회복 프로그램)
- 이주여성 경제자립 프로그램(요리 · 미용 · 공예 등)

■ 청년 · 취업준비생 지원

- 직무기반 취업교육(디지털·AI·콘텐츠·의료행정 등)
- 취업 매칭 플랫폼 운영(북구 기업 DB 구축)
- 공공기관 · 대학·병원 인턴 연계
- 자격증 과정(바우처 형식) 지원
- 청년 마음건강 사업(심리상담 · 진로코칭)

■ 중장년 · 노동자 지원

- 4050 경력전환 교육(물류·케어·보건·디지털 중급과정)
- 퇴직자 재취업 코칭
- 산업재해·노무 상담
- 중장년 취업박람회 정례화
- 마을 단위 공동일자리 창출 지원

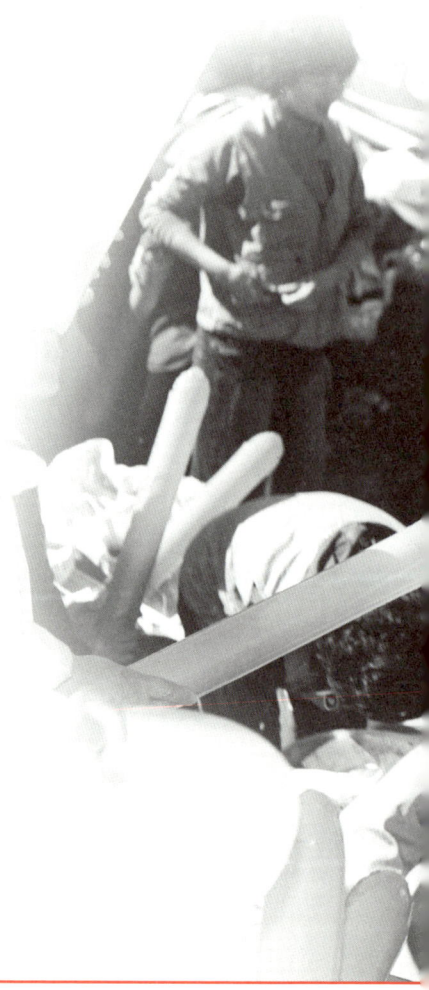

김규학이 꿈꾸는 세상
세상을 바꾸는 건
혁명이 아니라 연대다

제2장

포용 – 함께 살아가는 정치

포용- 함께 살아가는 정치

한 사람의 삶이 세상을 바꾼다

찬 바람이 스산히 불고 있는 겨울의 끝자락, 북구의 좁은 골목 길을 걸으며 한 노모의 집을 방문했다. 낡은 연탄 냄새가 남아 있는 방 안, 세월이 묻은 가족사진이 걸려 있었고 창가에는 햇빛을 받으며 조용히 살아 있는 작은 화분 하나가 있었다. 그녀는 내 눈을 바라보며 조용히 말했다.

"의원님, 제가 살아온 세상은 늘 조금 추웠어요. 하지만 누군가 제 이야기를 들어줄 때면 마음이 따뜻해졌죠."

그 말은 내 마음을 되돌아보게 했다. 정치는 숫자로 계산되는 행정의 기계가 아니라 사람의 이야기를 담는 따뜻한 그릇이어야 한다. '사회적 약자'라는 말은 통계의 언어가 아니라 이름과 얼굴, 그리고 그 삶의 결로 존재한다. 진정한 정치는 한 사람의 삶 속으로 들어가 그들의 숨결을 듣는 일이다.

"정치의 목적은 사회적 약자를 돕는 것이 아니라, 그들이 스스로 설 수 있는 기회를 만드는 것이다." (Amartya Sen)

아마르티아 센의 말은 복지를 넘어 정치의 본질을 꿰뚫는다. 복지는 의존을 낳는 제도가 아니라, 자유를 확장하는 약속이다. 국가는 그 자유가 위축된 사람에게 다시 일어설 수 있는 토양을 만들어줘야 한다.

사람은 신뢰받을 때 성장하고, 신뢰받는 순간 비로소 스스로의 가능성을 발견한다. 나는 그 믿음을 '기회의 정치'라고 부른다.

그 믿음은 북유럽의 한 실험에서도 증명되었다. 핀란드는 실업자 2,000명에게 조건 없는 기본소득을 지급했다. 사람들은 게을러지지 않았고, 오히려 창업과 도전을 시작했다. 복지는 의존이 아니라 신뢰였다. 신뢰받은 사람은 자신을 바꾸고, 공동체를 다시 일으킨다. 그것이 복지의 본질이다.

복지는 "주는 손"이 아니라 "함께 걷는 손"이다. 진짜 변화는 제도보다 신뢰에서 시작된다.

▶ 정책 사례 – 핀란드의 기본소득 실험(2017~2018)

- 실업자 2,000명에게 조건 없는 월 560유로 지급
- 심리적 안정, 재취업률 상승, 창업 의지 강화
- 복지는 생계유지가 아닌 '신뢰 회복의 정치'임을 입증

▶ **대구형 복지 제안 – '기회 복지' 모델**
- 생계지원에서 도전지원으로: 구직자·청년·경력단절자에게 '기회 바우처' 지급
- 행정에서 사람으로: 현장 중심의 '생활 동행 코디네이터 제도' 도입
- 자립유도형 복지: 지원 종료 후 1년간 재취업·자기계발 프로그램 연계

복지의 시작은 이름을 부르는 일이다

나는 복지를 '이름을 부르는 정치'라고 생각한다. 행정의 언어 속에서 사람은 종종 사라진다. "저소득층", "수급자", "취약계층" 같은 단어 뒤에는 이름이 있고, 눈물이 있고, 이야기가 있다. 복지는 숫자가 아니라 이름을 가진 인간의 문제다. 한번은 한부모 가정을 방문했을 때, 초등학생 아이가 내 손을 잡았다.

"의원님, 우리 엄마도 일할 수 있을까요?"

그 물음은 사회의 본질을 묻는 질문이었다. 그 아이에게 '엄마의 자립'은 곧 '가정의 존엄'이었다. 그날 나는 깨달았다. 복지는 단순한 지원이 아니라 존재의 회복이다. 존엄은 물질의 문제가 아니라 존재의 문제다. 복지는 사람을 다시 사람답게 만드는 제도이며, 관계의 회복이자 정치의 시작이다.

서울시의 '찾아가는 복지'는 그 철학을 실현한 첫 시도였다. 주민센터의 공무원들이 직접 가정을 방문해 복지 사각지대를 발굴했고, 주민이 신청하지 않아도 필요한 지원이 이뤄졌다. 그것은 행정의 개혁이 아니라 '사람 중심 행정'의 회복이었다.

대구 또한 이 철학을 이어야 한다. 각 동마다 복지활동가를 배치해 정기 방문 상담을 시행하고, 주민이 직접 사각지대를 제보하는 '참여형 복지 플랫폼'을 만들어야 한다. 여기에 AI 기반의 위기 탐지 시스템을 도입해 즉각 대응할 수 있도록 한다면, 복지는 더 이상 보고서 속 제도가 아니라 현실이 될 것이다.

복지는 보고서로 존재하지 않는다. 사람의 얼굴과 이름 속에서 비로소 존재한다. 정치가 이름을 기억할 때 공동체는 따뜻해진다.

노년의 삶을 다시 존중하는 사회

노인정의 낡은 탁자 옆에서 한 어르신이 내게 말했다.
"필요한 건 돈이 아니라, 우리가 잊히지 않는 거예요."
그 말은 지금까지의 정치철학을 다시 한번 되돌아보게 하였다. 복지는 지원이 아니라 기억이다. 우리는 종종 '효율'의 이름으로 노년의 시간을 숫자로 재단하지만 그 속에는 세대의 역사와 한 인간의 생이 담겨 있다.

복지는 돌봄의 기술이 아니라 존중의 문화다. 일본은 초고령화 사회에 대응하기 위해 의료·돌봄·주거·생활지원을 통합한 지역포괄케어를 시행했다. 병원이 아닌 마을이 어르신을 돌보는 구조, 그것은 효율보다 존엄을 택한 사회의 결정이었다.

대구는 여기에 인간의 온기를 더해야 한다. 청년센터와 노인복지관이 함께하는 세대공감형 자원봉사, IoT 기반의 스마트 건강 모니터링으로 고독사를 예방하고, 존중받는 노년이 많은 도시를 만들어 젊은 세대가 나이 드는 것을 두려워하지 않도록 해야 한다.

▶ 정책 사례 – 일본 '지역포괄케어시스템'
- 의료·돌봄·주거·생활지원 통합 모델
- "병원에서 돌봄을 받는 사회"에서 "마을이 돌보는 사회"로 전환
- 지역 내 존엄 중심 돌봄 체계 구축

▶ 정책 사례 – 서울시 '찾아가는 동주민센터' (2016~현재)
- 공무원이 직접 가정을 방문하여 복지 사각지대 발굴
- 주민 신청이 없어도 맞춤형 지원 가능
- 행정의 중심을 '기관'에서 '사람'으로 전환

▶ 대구형 복지 제안 – 생활복지 방문제 & '이웃 코디네이터'
- 각 동별 복지활동가 배치, 정기 방문상담 운영
- 주민 참여형 복지 플랫폼 구축
- AI 기반 복지위기 자동탐지로 선제적 지원 체계화

장애와 다름, 그리고 인간의 가능성

오늘도 다른 어느 날과 같이 행사에 참석한다. 늘 자리하던 행사였고 언제나 얼굴 맞대며 웃음 짓던 그 사람들이 그 자리에 서 있다. 다만, 오늘이 조금 특별한 것은 한 사람의 장애인에게 귓속말을 들은 것뿐이다.

"의원님, 우리는 불편한 게 아니라 조금 다를 뿐이에요."

그 말은 내 사고의 축을 바꾸었다. 정치는 다름을 문제로 보지 않고 가능성으로 보아야 한다. 복지는 결핍을 메우는 제도가 아니라 다양성을 보장하는 질서다.

덴마크는 '사회통합 복지국가'를 통해 장애인과 비장애인이 함께 사는 제도를 실현했다. 모든 공공시설은 유니버설 디자인으로 설계되고 장애인은 복지의 수혜자가 아니라 고용의 주체로 존중받는다.

대구 역시 '다름'을 공존의 가치로 바꿔야 한다. 모든 공공공간과 학교, 도로에 유니버설 디자인을 의무화하고, 장애인 직업훈련센터와 지역기업을 연결해 고용의 문을 열며, 이동권을 통합한 '저상버스 100% 도시'를 만들어야 한다. 다름은 분리가 아니라 함께 배우는 풍경이 되어야 한다.

정치는 같게 만드는 일이 아니라 다름이 함께 살아가게 하는 일이다. 복지는 동정이 아니라 신뢰이며 신뢰는 가능성을 낳는다.

다문화의 이름으로 피어나는 공존의 색

한번의 경험이 나의 귀를 열게 한 것 같다. 예전에는 대수롭지 않게 보고 듣고 했던 일상들이 이제는 새롭고 마음을 설레게 한다.

지난번 장애인의 귓속말과 같이 또 다른 메아리가 귓가를 맴돌다 사라진다.

"이제 제 아이가 한국어로 제게 '엄마 사랑해요' 라고 말해요."

그 한마디는 언어를 넘어선 감동이었고, 나는 그 순간 다문화가 우리 사회의 새로운 얼굴임을, 다양성이 불안이 아니라 미래임을 확신했다. 전통시장에서 여러 언어들이 뒤엉켜도 서로의 표정이 미소로 화답하는 풍경, 학교 복도에 붙은 서로 다른 이름표와 도시의 골목마다 스며드는 낯선 향신료 냄새, 그리고 그 모든 차이를 어쩌면 오래된 우리의 일상처럼 받아들이는 시민의 마음은 벌써 하나가 되어 있다.

정치는 이 다채로운 삶의 색을 배경으로 해야 하며 동화가 아닌 상호 존중의 질서를 설계해야 한다. 아이들이 두 개의 언어로 꿈을 꾸고, 부모가 두 개의 문화로 사랑을 건네며, 교실이 세계의 축소판이 되는 그날을 위해, 나는 도시의 제도가 먼저 마음을 열어야 한다고 믿는다.

'발전이란 사람들이 자신이 가치 있다고 여기는 삶을 실현할 수 있는 자유의 확장'이며, 문화적 다양성은 다양한 문화적 배경과 표현 양식이 존재할수록 사람들은 더 많은 삶의 방식, 가치, 정체성, 사회적 역할을 선택할 수 있음을 보인다.

문화(culture)를 단순히 '전통'이 아니라 선택의 공간으로 보고, 다양한 문화가 공존하면 인간은 자신의 정체성과 삶의 의미를 다양한 형태로 실험하고 실현할 수 있다고 하였다.

이제 우리도 문화의 다양성이 곧 자유의 다양성이며 그것이 인간의 존엄, 창의성, 자아실현의 범위를 넓힐 수 있다는 점을 인식하고 정치를 통해 문화의 다양성을 통한 하나됨을 실현하여야 한다.

▶ **정책 사례 – 독일의 '통합교육 및 언어정책'**
- 이민자 자녀 대상 언어 · 시민 · 직업교육 통합 지원
- 다문화 학생 대학 진학률·고용역량 향상, 상호존중 시스템

정착
- 동화 중심이 아닌 '상호 통합' 지향, 학교-가정-지역 연계 강화

▶ **대구형 제안 – '다문화 공감학교' & '글로벌 문화축제'**
- 학교 내 다문화 감수성 교육 + 한국어 집중 프로그램 상설화
- 다문화 시민이 주체로 참여하는 북구 글로벌 축제 정례 운영
- '가정-학교 연계' 코칭(통역·멘토링·진로상담)으로 학부모 지원

복지의 철학에서 약속의 정치로

조용히 사색의 시간을 가지고 금호강 변을 걸을 때면 가로등 아래의 노인과 새벽시장을 여는 상인, 학교로 달려가는 아이들이 같은 리듬으로 하루를 시작하는 것을 본다. 그 미소와 눈빛은 내 정치의 이유였고, 그래서 나는 늘 마음속으로 되뇌었다.

정치는 권력이 아니라 약속이며, 명예가 아니라 책임이라고. 혼자 달리는 경주가 아니라 시민과 속도를 맞추는 여정, 함께 걸으면 더 멀리 갈 수 있다는 단순하지만 흔들림 없는 진리라는 단

순하면서 명확한 명제임을 나는 오늘도 그 길 위에서 확인한다.

느리지만 포기하지 않는 걸음으로, 사람과 함께, 약자와 함께, 그리고 미래 세대와 함께하기 위한 작은 노력을 지금까지, 아니 앞으로도 멈추지 않을 것이다.

"정치는 도덕 위에 서야 하며, 도덕은 사람을 향해야 한다." (윤보선)

윤보선 대통령의 말처럼 정치는 도덕 위에 서야 하고 그 도덕은 사람을 향해야 하기에 나는 제도의 정교함보다 신뢰의 문화를 먼저 떠올린다.

스웨덴이 보여준 것은 높은 조세가 아니라 높은 신뢰였고 그 신뢰는 절차의 복잡함보다 과정의 공개로, 관료의 권위보다 시민의 참여로 세워졌다. 세금을 낼 때 자부심을 느끼는 나라, 그 믿음은 국가가 투명하게 설명하고 시민이 성숙하게 참여할 때 비로소 자라난다는 것을 확인할 수 있음을 확인하게 된다.

대구의 행정도 회의실의 보고서에서 골목의 목소리로 이동해야 하며 예산이 숫자에서 이야기로 지출이 항목에서 얼굴로 번역되는 순간 비로소 약속은 제도의 이름으로 생활의 정치로 주민 곁에 서게 된다.

▶ 정책 사례 – 스웨덴의 '참여형 복지예산제'

- 복지 예산 일부를 시민이 직접 논의·우선순위 결정· 투표
- 예산 투명성 제고, 정책 수용성·행정 신뢰도 동시 향상
- 시민참여가 복지의 정당성을 강화하는 구조로 작동

▶ 대구형 복지 제안 – '신뢰 도시 대구'

- '오픈 복지 플랫폼'으로 예산·성과·평가 전 과정 공개
- 대구형 참여예산제 고도화(의제 발굴→시민심사→집행 모니터링)
- 시민평가단 상설화로 성과 검증의 독립성·지속성 확보

김규학이 꿈꾸는 세상

**세상을 바꾸는 건
혁명이 아니라 연대다**

제3장

취업과 창업 중심의 지역경제

국민주권시대 – 주민이 먼저인 행정
북구 청년교육혁신네트워크

취업과 창업 중심의 지역경제

창업, 새로운 가능성의 이름으로

봄비가 내리던 어느 날, 청년 취업상담소에서 한 청년을 만났다. 그는 고개를 숙이며 힘없이 말했다.

"의원님, 저도 땀 흘려 일하고 싶어요. 그런데 일할 곳이 없어요."

그 말은 단순한 구직의 어려움이 아니었다. 그는 '일'을 통해 자신의 존재를 증명하고 싶다는 절실함을 이야기한 것이었다.

나는 그때 깨달았다. 경제란 누구 한 사람의 문제가 아니라 삶의 존엄을 지키는 인간의 이야기라는 것을.

정치는 청년에게 '일자리'를 주는 것이 아니라 일할 수 있는 희망의 환경을 만드는 일이다. 그 환경 속에서 북구의 청년이 새로운 도전을 하고, 희망을 찾게 되고, 미래를 만들며, 세계를 향해 나아가게 할 수 있을것이다.

이같이 일자리를 필요로 하는 청년들에게 창업은 '자립의 다른 이름'이라고 생각한다. 위기를 기회로 바꿀 줄 아는 도시, 실패를 용납하고 다시 일어서는 사회야말로 진정한 혁신의 토양이다. 정치인에게 그 토양을 가꾸는 일은 숙명이어야 한다.

"기회는 준비된 자의 것이 아니라, 도전하는 자의 것이다."(정주영)

정주영 회장의 말처럼, 창업은 '용기'에서 시작된다. 대기업의 그늘이 아닌 골목의 작은 가게, 소규모 창업자, 스타트업의 첫 사무실이 경제의 숨결을 다시 불어넣는다.

한 번 실패해도 다시 시작할 수 있는 사회, 그것이 북구가 지향해야 할 경제의 온도다.

▶ **정책 사례 – 이스라엘 '요즈마 펀드(Yozma Fund)'**
- 이스라엘은 정부가 초기 투자 위험을 분담하는 '요즈마 펀드'를 통해 스타트업 생태계를 조성
- 현재 1인당 창업 비율 세계 1위, GDP의 15%가 혁신기업에서 나옴
- 국가가 젊은 도전가를 신뢰했기에 가능했던 일

▶ **대구형 경제 제안– '대구 창업 3·3·3 프로젝트'**

- 3년 지원: 창업 초기 3년간 임대료·마케팅·멘토링 전액 지원
- 3억 투자: 공공·민간 합동 '로컬벤처 펀드' 조성으로 초기 투자금 확보
- 3% 리턴: 창업 성공 시 지역사회에 3% 수익 환원(상생 구조 형성)
- '청년 마이크로 창업센터' 조성을 통해 카페·공방·문화창작소 등을 지원

경제는 숫자가 아니라 사람의 의지다

한 사람의 용기 있는 도전이 도시의 운명을 바꾸고, 중소기업과 소상공인이 지역경제의 뿌리라는 사실을 부정하는 사람은 없다. 우리 모두가 인정하는 지역경제의 뿌리를 강건하게 흔들리지 않도록 만들 수 있어야 한다.

지금까지의 한계를 극복하고 문제를 개선하며 모두가 함께 성장하는 선순환 경제 구조를 설계해야 한다.

나는 시장 골목을 자주 걷는다.

아침 일찍 문을 여는 빵집, 새벽부터 냄비를 닦는 식당 주인, 진열대 위에 빛나는 수많은 손의 흔적들이 나의 발끝에서 늘 내

일을 바라보고 있다, 그곳에 '경제의 심장'이 뛰고 있다.

중소기업과 소상공인은 대기업의 하청 구조 속에서도 지역의 일자리를 지탱하는 진짜 주인이다. 그들을 지키는 일은 국가경제를 지키는 일이며 지방자치의 핵심이다.

경제의 중심은 거대 산업이 아니라 사람이 모이는 작은 상점의 불빛이다. 그 불빛이 꺼지지 않는 도시, 그것이 북구의 경제가 지향해야 할 방향이다.

경제는 과거의 반복이 아니라 미래를 준비하는 용기다. 대구가 바로 그 실험의 중심이 될 수 있다.

"미래를 준비하지 않는 도시는 과거의 유산으로 사라진다." (이건희)

정치는 성장의 속도를 재는 일이 아니라 성장의 방향을 바로잡는 일이다. 경제는 결국 사람을 위해 존재해야 한다. 성장은 경쟁이 아니라 연대의 과정이다. 기업이 성공하면 지역이 웃고 시민이 웃을 때 국가가 강해진다.

정치는 그 웃음이 한쪽으로만 향하지 않도록 균형을 잡아주는 나침반이어야 한다.

경제의 끝은 부가 아니라 사람의 미소다. 나는 믿는다. 북구의 경제는 단순한 수치가 아니라 서로를 지탱하는 따뜻한 연대의 경제로 거듭날 것이다.

> ▶ 정책 사례-스웨덴 '협동경제 모델'
> - 스웨덴은 공공기관과 민간기업이 공동 출자한 협동조합을 통해 사회서비스를 공급하고, 고용의 질을 향상
> - 국가가 아닌 시민이 경제를 운영하는 구조
>
> ▶ 대구형 경제 제안- '대구 상생경제 네트워크'
> - '공유경제 플랫폼' 구축으로 장비·공간·인력의 공동 활용
> - '청년-시니어 협업 창업 프로그램' 운영
> - '지역-기업 상생협약' 체결로 청년고용·지역기부 연계

일터에서 사라진 이름들

아침 출근길에 스치는 얼굴들 속에는 저마다의 이야기가 있다. 한때 교단 앞에 섰던 여성은 육아와 돌봄 속에서 다시 교실로 돌아가지 못했고 은퇴한 기술자는 오랜 세월 쌓은 손끝의 기억을 더 이상 부를 곳이 없다.

청년은 취업 포털의 끝없는 스크롤 속에서 "합격"이라는 단어를 기다리며 노인은 일자리를 잃고 사회적 고립의 벽 앞에 선다.

그들의 공통점은 단 하나, 일이 곧 존재의 의미였다는 것이다.

정치는 바로 이 '잃어버린 일의 이름들'을 다시 불러내야 한

다. 그것이 약자와 함께 걷는 정치의 출발점이며 삶의 현장에서 고통받는 이들의 존엄을 되찾는 길이다.

"정치는 인간이 함께 잘 살기 위한 기술(techne politike) 이다." (아리스토텔레스)

이 말 속에는 경제와 인간을 분리하지 않는 고대의 통찰이 있다. 오늘날의 정치가 다시 그 본래의 의미로 돌아가야 한다면, 그 것은 '노동의 문제를 인간의 문제로 되돌리는 일' 이어야 한다.

한 사회가 청년과 여성, 중장년의 다양한 노동을 품을 때 그 사회는 단지 부유해지는 것이 아니라 더 인간다운 사회로 성장한다.

이 철학은 북구의 지역경제에도 그대로 적용된다. 경제 활성화의 본질은 단순한 산업 유치나 재정 투입이 아니라 사람이 자신의 재능과 존엄을 실현할 수 있는 구조를 만드는 일이다.

즉, '직업체험 - 훈련 - 매칭 - 창업' 으로 이어지는 순환형 일자리 생태계이다. 여기에 공공과 민간이 함께 참여하고, 데이터 기반의 일자리 플랫폼이 구축될 때 북구는 고용의 사각지대 없이 모두가 일로 연결되는 도시로 거듭날 것이다.

정치인의 역할은 법을 만드는 사람에 그치지 않는다. 그는 사람들의 잃어버린 자긍심을 회복시키는 안내자여야 한다.

정치가 시장의 언어로만 말할 때 사람은 숫자가 되고 삶은 통계가 된다. 그러나 정치가 사람의 언어로 말할 때 노동은 다시 자궁심이라는 이름으로 불리고, 일터는 공동체의 학교가 된다.

나는 그렇게 믿는다. 정치는 인간이 서로의 가능성을 발견하도록 돕는 가장 인간적인 행위이며 '일하는 사람의 얼굴이 환하게 빛나는 도시'를 만드는 일임을.

그것이 바로 북구가 꿈꾸는 사람 중심의 경제 그리고 내가 추구하는 동행의 정치이며 정치가 그 언어를 다시 회복시킬 때 지역경제는 비로소 사람의 얼굴을 가지게 된다.

▶ 정책 사례-덴마크 '플렉스잡(Flex-job)' 제도

- 플렉스잡: 장애 또는 제한된 근로능력을 가진 사람을 위해, 근로시간·강도를 조정해 고용 기회를 제공
- 이 제도는 장애인의 취업을 장려하고, 통상적인 근로 조건에서 고용이 어려운 이들이 지속적으로 노동시장에 참여할 수 있도록 설계된 것
- 지역사회와 고용주, 복지기관이 연계해 장애인의 특성과 필요에 맞춘 고용-지원 생태계를 운용한다는 점이 특징

▶ 대구형 경제 제안-교육 연계 고용 플랫폼

- 맞춤형 교육-훈련, 기업 인센티브, 지역 job-centre 역할 강화 및 지역기업과의 협업 모델을 포함한 복합체로 구성하는 것

- 고용 확대→생산 참여→사회적 연대로 이어지는 선순환 구조를 지역 차원에서 만들고, 이를 통해 단순한 복지가 아닌 '포용적 경제성장'으로 연결하는 것이 중요

사람의 온기가 남은 곳

이른 새벽, 아직 해가 오르기 전의 시장 골목은 사람 냄새도 가득하다. 손에 물기가 남은 채 채소를 정리하는 아주머니와 푸른 대야에 생선을 정렬하는 상인 그리고 좁은 골목 사이를 뛰어다니는 배달 청년들.

그들은 하나같이 묵묵히 하루를 준비하는 사람들이다. 이곳엔 거대한 자본도, 화려한 간판도 없다. 대신 '관계'와 '정'이 살아 있다. 손님은 단골이 되고 상인은 이웃이 된다.

시장은 단순한 거래의 공간이 아니라 사람과 사람이 다시 연결되는 사회의 마지막 교차로다. 하지만 그 시장이, 하나둘 사라지고 있다. 대형 유통센터의 그림자와 온라인 소비의 파도 속에서 북구의 골목시장은 점점 침묵하고 있다.

그러나 정치가 해야 할 일은 이 침묵을 관찰하는 것이 아니라, 그 안에서 다시 삶의 소리를 복원하는 것이다.

이른 새벽에 하루를 준비하는 사람들뿐 아니라 하루 종일 단골과 이웃이 정을 나누는 지역 경제의 중심이 될 수 있도록 해야 한

다. '시장'은 경제가 아니라 공동체이기 때문이다.

"경제가 사회를 포섭하면 인간은 상품이 되고, 사회가
경제를 포섭해야 인간이 존엄해진다." (Karl Polanyi)

북구의 시장경제가 다시 살아나기 위해서는 가격과 효율의 논리가 아니라 관계와 공존의 철학이 필요하다. 정치는 바로 그 철학을 현실로 옮기는 현장이자 동행이며 함께 쉼쉬는 삶의 이정표다.

시장에는 단순한 지원금이나 단기간 활성화를 위한 짧은 정책이 아니라 존중의 정책이 필요하고, 상인에게는 단순한 생계가 아니라 삶의 활력이 필요하다.

정치의 언어로 경제를 말하는 것은 쉽다. 그러나 경제의 언어로 사람을 말하는 것, 이웃을 바라볼 수 있는 삶을 생각하는 것 그것이 진정한 정치다.

나는 시장의 한 골목을 걸을 때마다 깨닫는다. 경제는 통계로 측정되지만 희망은 관계로 측정된다는 것을.

정치가 해야 할 일은 시장의 매출을 늘리는 것이 아니라 사람의 온기를 지켜주는 것이어야 하고, 북구의 시장이 다시 살아날 때, 그곳은 단지 물건을 파는 곳이 아니라 서로의 안부를 묻는 사회의 심장이 될 것이다. 그래서 나는 믿는다.

"시장의 불빛이 꺼지지 않는 도시, 그곳이야말로 가장 인간다운 도시다."

이제 시장을 "보존"이 아니라 "미래"와 "희망"의 대상으로 보고 전통시장에 스마트 기술, 문화 콘텐츠, 청년 창업이 융합될 때 시장은 과거의 유물이 아니라 미래의 경제 거점이 된다.

▶ 정책 사례-세계와 국내의 '시장 르네상스' 모델

• 스페인 바르셀로나: '보케리아 시장(Mercado de la Boqueria)'

- 단순한 전통시장이 아니라 '푸드문화 허브'로 변모
- 공공은 인프라를, 상인은 창의성을, 시민은 참여를 제공하며 '문화와 소비가 공존하는 일터'를 만든 것

• 일본 교토: '니시키시장(錦市場)'

- 지역 청년 창업자에게 소규모 점포를 임대하고, 전통과 현대를 잇는 브랜드화 전략을 통해 매출보다 '정체성의 회복'을 먼저 이룸

▶ 대구형 경제 제안-북구 전통시장의 '생활경제 르네상스'

• 스마트 전통시장으로의 전환

① POS · QR결제 · 온라인 주문 . 배달 연계 시스템을 도입해 고령 상인들도 쉽게 접근할 수 있는 '생활형 디지털 시장' 구축

② '북구 전통시장 온라인몰' 및 '시장 전용 앱'을 개발해 소비자와 상인이 직접 연결되는 디지털 생태계 조성

• **문화와 청년이 공존하는 창의시장**

① 청년 예술가 · 공예인 · 푸드트럭 창업자를 위한 청년 공간형 점포(Youth Stall) 설치

② 전통시장 내 소규모 공연, 전시, 플리마켓을 정례화하여 '시장= 문화광장'으로 인식 전환

③ BTS 스토리, 글로벌 문화, 지역예술인의 콘텐츠를 접목해 북구형 문화상권으로 발전

북구 청년교육혁신네트워크
"배우고, 머물고, 일하는 청년도시 북구"

밤이 깊은 북구의 골목을 걷다 보면 여전히 불이 켜져 있는 작은 독서실 창문에서 한 청년이 홀로 책을 붙잡고 있는 모습을 본다. 누군가는 취업을 위해, 누군가는 재도전을 위해, 누군가는 더 나은 내일을 꿈꾸며 오늘의 시간을 희생하고 있다.

그러나 나는 그 창문 너머의 청년이 얼마나 많은 불확실성과 외로움 속에 서 있는지를 잘 알고 있다.

길을 찾기 어려운 사회, 학력보다 능력을 요구하면서도 능력을 키울 기회는 주지 않는 구조, 배움과 일자리 사이에 놓인 깊은 간극. 그 간극은 시간이 갈수록 넓어지고, 그 사이에서 가장 먼저 떨어져 나가는 이들은 대부분 우리 지역의 청년들이다.

정치는 바로 이 간극을 메우는 일이 아닐까. 정치는 희망의 구조를 설계하는 일이고, 그 구조의 첫 단추는 교육의 기회를 공평하게 열어 주는 것이다.

도시의 미래는 청년의 마음속에서 자란다. 도시의 경쟁력은 청년의 능력에서 출발한다. 그러므로 청년을 돕는 것은 복지의 문제가 아니라 지역의 생존 전략이자, 국가의 미래전략이다.

대구 북구에는 대학도 있고, 병원도 있고, 산업단지도 있고, 문화자원도 있다. 그러나 그 자원들이 청년의 삶과 온전히 연결되어 있지는 않다.

대학은 대학대로, 산업은 산업대로, 기업은 기업대로, 행정은 행정대로 흩어져 있다. 그 사이에서 청년은 교육을 받아도 일자리를 찾기 어렵고, 자격증을 따도 실무경험이 부족하며 좋은 아이디어가 있어도 창업 자본이 부족하다.

청년 개인의 문제가 아니라 연결이 끊긴 구조적 문제다. 그래서 청년은 수도권으로 떠나고, 지역은 다시 인재 공백을 겪는다. 이제는 이 흐름을 멈출 새로운 연결이 필요하다.

내가 제안하려는 청년교육혁신네트워크는 북구의 대학·기업·연구기관·행정이 하나로 연동되는 새로운 청년 역량생태계다.

여기에서는 대학의 전문교육, 기업의 실무교육, 지역특화 산업교육, 창업·취업 실습 교육, AI·미래기술 융합교육 이 모두가 서로 끊어지지 않고 이어진다. 청년은 이 안에서 배움 → 경험 → 취업 → 재교육 → 창업으로 이어지는 성장 경로를 갖게 된다.

지역의 모든 지식을 연결하고, 모든 기회를 열고, 모든 관계를 묶어 주는 북구형 능력생태계 플랫폼이 되는 것이다.

나는 정치가 청년의 삶에서 가장 실질적인 힘이 되어야 한다고 믿는다. 청년교육혁신네트워크는 단순한 교육 프로그램이 아니라 청년이 떠나지 않는 도시를 만들기 위한 정치적 결단이다.

교육비 부담을 줄이고, 지역 대학 - 기업 - 행정을 연결하고, 청년이 실패해도 다시 일어설 수 있는 안전망을 만들고, 모든 청년이 지역에서 배워 · 경험하고 · 도전하고 · 성장할 수 있는 환경을 북구에서 가장 먼저 실현하겠다.

청년이 자신의 삶을 설계할 수 있어야 도시도 미래를 설계할 수 있다. 나는 정치가 그 설계의 바탕이 되도록 책임을 다하겠다.

■ 기본 비전

"서울로 떠나야만 기회가 있는 도시가 아니라, 북구에 남아도 세계와 연결되는 도시"

목표 1: 북구 청년에게 수도권 수준의 교육 · 진로 · 창업 기회 제공

목표 2: 지역 대학 · 기업 · 지자체를 엮어 "북구형 인재 순환 생태계" 구축

목표 3: 청년 유출(Out-migration)을 줄이고, 정착 인구 · 일자리 · 창업을 북구 안에서 선순환시키는 구조 만들기

■ 실행 플랫폼: "북구 청년러닝랩(Youth Learning Lab)"

- 기능: 강의 · 세미나, 코워킹 스페이스, 메이커 스페이스, 창업상담, 취업코칭
- 연계 체계: 중앙정부 사업(고용노동부 K-디지털, 지역주도형 청년일자리, 창업진흥원 사업 등) + 지방정부(대구시 청년정책, 대학 LINC 3.0, 평생교육) + 북구 자체 사업(장학금, 생활비 지원 등)을 한 "바구니"로 묶어 원스톱 신청 · 관리

■ 교육 프로그램

① 전문가·직무교육 트랙: "북구 청년이 수도권 안 가도 딱 그 수준의 직무 역량을 갖추게 하자"

② 지역특화·융합교육 트랙: 북구를 떠나야 할 이유가 아니라, 북구에 남아야 할 이유를 만드는 교육

③ 창업·스타트업 트랙: "서울 가서 창업해야지"가 아니라 "북구에서 시작해도 된다"가 되도록

④ 취업·경력전환 트랙 (청년+중장년): "북구·대구 소재 기업이 필요로 하는 직무를 미리 설계하는 역량을 키우자"

김규학이 꿈꾸는 세상

세상을 바꾸는 건
혁명이 아니라 연대다

제 4 장

대구에서 대한민국을 찾다

국민주권시대 – 주민이 먼저인 행정
국가 · 지역 한뿌리 발전협의회
미디어 · 디자인 특구

제4장

대구에서
대한민국을 찾다

대한민국의 발전은 대구의 역사 속에서 태어났다

정치의 근원, 국민의 신뢰

대구는 언제나 조용했지만 그 고요함 속에 대한민국의 근대사가 자라 있었다. 섬유산업의 바늘과 재봉틀이 산업화의 첫 불씨를 지폈고, 2·28 민주운동의 외침이 민주주의의 첫 목소리가 되었다.

대구의 산업과 시민정신은 곧 대한민국의 축소판이었다.

정치는 국민의 신뢰로부터 시작된다. 그 신뢰가 무너질 때 나라는 흔들리고 제도는 껍데기만 남는다. 1960년대의 산업화는 절박한 생존의 정치였다. '잘 살아보세'라는 구호 아래 국가는 국민의 노동을 자원으로 삼았고 국민은 고통 속에서도 희망을 품었다. 그러나 1980년대 민주화의 물결 속에서 국민은 물었다.

"우리는 언제까지 성장의 도구로만 남아야 하는가?"

그 물음이 오늘날의 민주주의를 열었다.

"정치의 정당성은 법이 아니라, 시민의 동의에 있다."
(Habermas)

하버마스의 말처럼, 정치의 힘은 권력에서 오지 않는다. 국민이 '이 정치가 내 이야기다' 라고 느낄 때 비로소 생긴다. 그러나 지금의 대한민국 정치는 여전히 국민과의 대화 대신 진영의 언어 속에 갇혀 있다. 신뢰는 논리로 설득할 수 없고 오직 진심으로 회복되는 사회적 약속이다. 정치가 국민에게 해답을 주는 것이 아니라, 함께 묻는 그 순간, 거기서 민주주의는 다시 태어난다.

경제의 본질, 사람의 삶

대한민국의 경제는 눈부신 성장을 이루었다. 폐허 위에서 산업을 일으켰고 세계의 기술을 이끌었다. 그러나 그 성장의 그림자 아래에는 여전히 불평등과 피로의 사회가 놓여 있다. 성장은 멈추지 않았지만 행복은 따라오지 않았다.

1970년대의 경제개발계획은 효율과 경쟁을 최고의 가치로 삼았다. 그 덕분에 우리는 선진국의 문턱에 다가섰지만 그 과정에서 사람의 속도는 점점 잃어갔다. 노동은 여전히 소모되고 청년은 꿈보다 불안을 먼저 배운다.

경제는 자산이 아니라 관계다. 기업이 커질수록 일자리가 줄고 부가 늘수록 행복이 줄어드는 사회는 오래 갈 수 없다. 국가는 시장을 지배하는 것이 아니라 공정한 출발선을 만드는 존재여야 한다.

대한민국의 경제는 이제 '소득 중심'에서 '삶 중심', '생산 중심'에서 '사람 중심'으로 전환해야 한다. 그것이 진정한 선진사회의 기준이 될 것이다.

대구의 정치, 한국의 축소판

대구는 오랫동안 보수정치의 상징이었다. 그 뿌리는 단순한 이념이 아니라 안정과 신뢰를 중시했던 지역의 정서에서 비롯되었다. 그러나 시간이 지나면서 그 신념은 종종 고착과 폐쇄로 오해받았다. 하지만 대구는 보수의 도시이면서도 혁신의 가능성을 품은 도시였다.

2·28 민주운동이 그 증거다. 권력에 맞선 첫 번째 학생의 외침은 이곳에서 시작됐다.

"진정한 보수는 과거를 지키는 것이 아니라, 미래를 준비하는 용기다."(Weber)

베버의 말처럼 보수의 본질은 '변화를 거부하는 것'이 아니라

'지속가능한 변화를 설계하는 것' 이다. 대구는 이제 전통의 도시에서 대한민국 정치문화가 새롭게 실험되는 도시로 나아가야 한다. 세대와 이념을 잇고, 지역을 넘어 국가를 바라보는 정치, 그것이 대구 정치의 다음 단계다.

오늘의 대한민국은 갈라져 있다. 이념, 세대, 지역, 계층의 틈이 깊어지고 있다. 그러나 역사는 늘 갈등의 순간에서 새로운 길을 열었다. 그 길을 여는 힘은 지도자가 아니라 대화와 연대의 정신이었다.

민주주의는 꽃은 선거이지만 선거만으로 완성되지는 않는다. 그것은 민주주의가 서로의 다름을 존중하고 함께 살아가는 방식의 총체이기 때문이다.

대화의 정치, 신뢰의 경제, 존중의 행정, 품격의 복지, 이 네 가지 축이 바로 대한민국이 다시 성장할 토대라는 점은 헌법가치가 훼손되고 분노와 증오의 정치가 먼저 보이는 현실에서 국민을 먼저 돌아봐야 한다는 사실을 다시 깨닫는다. 그리고 그 출발점은 여전히, 대구의 사람들 속에 있다.

▶ **대한민국을 발전시킨 정치**
• **1962년 제1차 경제개발 5개년 계획**
대한민국 경제성장의 출발점이었다. 국가 주도의 산업화 전략을 통해 인프라와 제조업이 확립되었고, '한강의 기적'의 토대가 되었다. 그러나 성장 중심의 정책은 노동의 인간화를 뒤로 미루었다. 앞으로의 과제는 '포용적 성장'으로의 전환이다.

• 1970년 새마을운동

'근면 · 자조 · 협동'의 정신은 농촌개발을 넘어 국민의 자긍심을 세웠다. 하지만 하향식 동원형 구조는 참여의 민주성을 제한했다. 미래에는 '시민 참여형 공동체 복원 모델'로 발전해야 한다.

• 1997년 외환위기와 IMF 구조조정

경제 위기 속에서도 국민은 연대의 힘으로 국가를 재건했다. 이 사건은 한국 사회에 '책임의식과 제도적 투명성'의 중요성을 일깨웠다. 이후 복지국가 담론이 본격화되었고, 경제 민주화의 필요성이 부각되었다.

• 2017년 촛불혁명

대한민국 민주주의의 진화를 상징한 사건이다. 시민의 참여가 권력의 정당성을 재정의했고, '참여 민주주의'의 새로운 장을 열었다. 대화와 공론의 정치를 향한 사회적 기반이 확립되었다.

▶ 대구광역시를 변화시킨 정치

• 1960~70년대 대구 섬유산업 육성 정책

대구의 경제 기반을 세운 산업화의 중심축이었다. '패션도시 대구'의 뿌리가 되었으나 단일산업 구조의 한계도 함께

남겼다. 미래에는 섬유기술과 바이오 · 친환경 융합산업으로 재도약해야 한다.

• 1995년 지방자치제 전면 시행

대구의 정치 자율성이 강화되면서 시민 참여형 행정의 시대가 열렸다. 그러나 초기엔 '관료 중심 행정'의 관성이 남아 있었다. 앞으로는 시민 협치 기반의 분권 행정이 필요하다.

• 2020년 코로나19 대응 '대구 모델'

대구는 감염병 초기 확산의 중심지였지만, '의료진 연대'와 '시민 자발적 거리두기'로 국가적 모범을 보였다. 이 경험은 위기 대응의 표준이 되었으며, 공공의료 강화와 디지털 방역체계로 이어져야 한다.

• 2022년 대구경북통합신공항 프로젝트

대구의 산업 · 물류 · 항공 클러스터로서 국가균형발전의 핵심 인프라다. 성공적 추진을 위해서는 환경 · 문화 · 지역상생형 거버넌스 모델이 필요하며, 대구가 '대한민국 균형발전의 실험도시'가 되어야 한다.

지방분권과 대구의 자율적 성장

스스로의 길―
자치의 본뜻

새벽의 대구는 한편으로는 적막하고도 한편으로는 고요하기도 하다. 그러나 그 고요함 속에는 스스로의 삶이 있는 생명의 활기가 숨어 있다. 시장의 셔터가 천천히 올라가고 청소차가 도로를 스치며 사람들의 하루가 누구의 간섭도 없고 평화롭고 자유롭게 시작된다.

나는 고요한 적막 속에서 조용하게 하루를 시작하는 소시민의 하루를 볼 때마다 생각한다. 이러한 소시민의 하루는 우리 가족, 우리 이웃, 우리 대구의 꾸밈없는 모습이고 이것이 자치의 진짜 얼굴이라고. 지방자치는 행정의 문서가 아니라 사람들의 일상 속에서 피어나는 자발성의 발로라고.

중앙정부가 잠들어도 지역은 깨어 있고 행정이 멈추어도 시민은 움직인다. 지방분권이란 단지 권한의 이동이 아니라 책임의 확장이다. 자유는 나누어질 때 약해지는 것이 아니라 서로 믿으며 커진다. 자치의 정신은 '우리 스스로 할 수 있다'는 믿음에서 출발한다.

밀의 말처럼 자유란 방임이 아니라 책임이다. 지방정부가 진정으로 자율을 얻기 위해선 그에 상응하는 책임의 윤리를 가져야 한다. 중앙이 모든 결정을 대신하던 시대는 끝났다.

이제는 지역이 스스로 생각하고 결정하고 결과를 감당할 수 있어야 한다. 대구가 스스로의 길을 설계할 때 그 순간 대한민국의 민주주의는 한 단계 성장한다. 자치는 권력의 분산이 아니라 시민의 성숙이며 독립이 아니라 연대의 또 다른 이름이다.

협력의 확장—
지역이 국가를 만든다

나는 종종 이런 생각을 한다.
'대한민국이 성장할 때 과연 그 뿌리는 어디에 있었을까?'

그 답은 언제나 지역이었다. 산업의 불씨는 공장에서가 아니라 골목의 손끝에서 피어났고, 민주주의의 외침은 국회보다 거리에서 시작됐다. 대구는 그 현장이었다.

산업화의 현장, 민주화의 출발점, 그리고 이제는 자치의 실험장이다. 그러나 중앙정부는 여전히 지역을 '보조적 행정단위'로만 바라본다.

나는 말하고 싶다. 지역은 중앙정부 하위 구조가 아니라 국가의 원형이다. 지역이 국가를 구성하는 세포라면 지역의 자치는 곧 국가의 건강과 직결된다. 이제 더 혁신적인 지방자치를 설계하고 추진하여야 할 분명한 이유가 있음을 소리 높여야 한다.

"권력은 나누어질 때 견고해지고, 집중될 때 부패한다."
(Montesquieu)

몽테스키외의 오래된 경구는 오늘의 정치에도 여전히 유효하다. 지방분권이란 중앙정부와의 대결이 아니라 국가의 공동경영이다. 특히 대구와 경북이 손을 맞잡을 때 그 연대는 행정의 협약을 넘어 경제와 문화의 새로운 생태계를 만든다. 협력은 경쟁보다 강하고 신뢰는 제도보다 오래간다.

중앙정부는 정책을 설계할 수 있지만 지역은 사람의 삶을 직접 설계한다. 대구의 자치가 단단해질수록 대한민국의 민주주의는 더 현실적이 된다. 분권은 효율의 논리가 아니라 인간의 존엄을 회복하는 정치의 구조다.

책임의 지방자치―
시민이 주인이 되는 나라

지방자치는 제도로 시작되지만 사람으로 완성된다. 행정이 권한을 나눠줘도 시민이 참여하지 않으면 그 지방자치는 껍데기다. 어느 날 북구의 주민센터를 방문했을 때 한 어르신이 내게 말했다.

"의원님, 우리가 직접 회의에 나가 보니 동네가 달라졌어요. 이젠 불편한 걸 그냥 기다리지 않아요."

그 말은 내 정치의 방향을 바꿨다. 자치란 행정의 기술이 아니라 시민의 태도다.

"시민의 자유는 스스로 결정하는 힘에서 비롯된다."
(Alexis de Tocqueville)

토크빌의 말처럼 자유는 참여에서 태어난다. 진정한 자치는 중앙정부의 권한이 아니라 시민의 의식 속에 존재한다.

대구의 자율은 제도적 허가가 아니라 스스로 책임지는 정신에서 피어난다. 주민회의에서 나온 작은 결정 하나가 때로는 법안보다 더 큰 변화를 만든다. 그 변화는 느리지만 그 속에 민주주의의 뿌리가 자란다.

나는 늘 믿는다. 지방이 깨어야 나라가 산다고. 대구가 스스로의 주인이 될 때 그 모델은 대한민국의 새로운 정치문화로 확산될 것이다. 자치는 행정의 언어가 아니라 삶의 언어 그리고 정치의 마지막 양심이다.

▶ 대한민국을 발전시킨 정치

• '자치분권 2.0 전략' : 한국형 분권의 역사적 진전

① 중앙행정 권한의 대대적 이양: 570여 개의 중앙행정 사무를 지방정부로 이양

② 자치입법 · 재정권 확대: 지방의회에 조례 자치권을 강화하고, 지방소비세율을 25%로 상향

③ 주민참여 자치제도 강화: 지방정책을 행정이 아닌 시민 의사결정 구조로 전환

▶ 대구광역시를 변화시킨 정치

•「도시혁신 5대 전략」과 '대구형 도심융합특구 조성'

① 도심자율 개발권 확보: 중앙 승인 없이도 도시계획 변경, 건축규제 완화 가능

② 산학연 집적 및 청년 정주 기반 구축: 경북대 · EXCO · 첨단기업을 잇는 캠퍼스타운+산업클러스터 결합

③ 문화 · 창업 · 생활 복합지구화: 주거 · 문화 · 창업 공간이 혼재된 24시간 도시권 형성

④ 교통 · 스마트 인프라 혁신: 엑스코선(도시철도 4호선) 연계 및 북문지하화로 초연결 네트워크 완성

복지와 배려의 정치—
함께 사는 사회의 철학

기회의 복지—
사람을 다시 일으키는 제도

복지는 단순히 나눔의 기술이 아니다. 그것은 한 사람의 삶을 다시 세우는 약속이며 공동체가 자신에게 묻는 가장 근원적인 질문이다. 나는 어느 날 북구의 한 좁은 골목길에서 생계를 이어 가던 어머니를 만났다. 그녀는 눈을 피하지 않고 말했다.

"의원님, 저는 도움이 필요한 게 아니라 다시 일할 수 있는 기회가 필요해요."

그 말은 내 정치적 신념을 다시 설계하기에 충분했다. 복지는 시혜가 아니라 기회여야 한다. 인간의 존엄은 도움을 받을 때가 아니라 스스로 다시 설 수 있을 때 완성된다.

복지란 인간의 가능성을 회복하는 사회적 장치다. 복지는 생존의 지원이 아니라 도전의 지원이다. 나는 이 도시가 그런 '기회 복지'의 도시가 되길 바란다. 생계를 위한 최소한의 안전망에서 멈추지 않고 누구나 다시 일어설 수 있는 사다리를 놓는 정치. 그것이 진짜 정의이며, 공동체의 품격이다.

배려의 정치—
강한 자보다 약한 자를 중심에 두다

정치의 온도는 사회가 가장 약한 사람을 어떻게 대하는가로 결정된다. 의정활동을 하며 수없이 많은 민원을 받았지만 가장 오래 남은 것은 작은 손편지 한 장이었다.

"의원님, 제 이야기를 들어줘서 고마워요. 누군가 내 말을 들어준 건 오랜만이에요."

그 편지를 읽으면서 지금까지의 나를 되돌아보았다. 나는 어느새 정치란 대단한 결정을 내리는 일이 아니라 누군가의 이야기를 들어주는 일이라는 독백을 하고 있었다.

"정치는 인간의 존엄을 지켜주는 일이어야 한다." (김대중)

김대중 대통령의 이 말은 많은 정치인들이 가슴에 담고 있는 정치 철학의 중심으로 살아 있다. 권력은 강자의 손에 있지만 정의는 약자의 눈에 있다. 배려의 정치는 약자를 보호하는 제도가 아니라 그들을 공동체의 주인으로 세우는 시스템이다. 사회가 약자를 품을 때, 그 사회는 가장 강해진다. 복지의 목적은 보호가 아니라 회복이며 정치의 윤리는 효율이 아니라 배려다.

연대의 사회—
함께 사는 기술

도시는 서로의 온기로 완성된다. 나는 늘 생각한다. 한 사람의 삶이 힘들 때 그를 지탱하는 것은 제도가 아니라 사람이라는 것을. 이웃이 서로를 돌보고 공동체가 다시 손을 맞잡을 때 복지는 진짜 의미를 가진다.

"공공성은 투명한 대화와 참여 속에서만 유지된다."
(Habermas)

하버마스의 이 말처럼 복지는 행정의 문서가 아니라 대화의 과정이다. 함께 사는 기술이란 복잡한 경제정책이 아니라 서로의 삶에 귀를 기울이는 일이다. 나는 '연대'라는 단어가 행정의 용어가 아닌 일상의 언어로 자리 잡기를 바란다. 복지란 예산의 크기가 아니라 그 예산이 닿는 마음의 깊이다. 배려는 말로 설득하는 것이 아니라 행동으로 증명하는 것이다. 그리고 연대는 법이 아니라 신뢰로 이루어진다.

"정의란 사회 제도의 첫 번째 덕목이며, 모든 정책의 기준이어야 한다." (Rawls)

롤스의 말처럼 정의는 제도의 바탕이고 복지는 그 정의가 실천되는 첫 현장이다. 복지가 단순한 보조금의 체계가 아니라 사회의 윤리로 작동할 때 그 도시의 품격은 비로소 완성된다. 나는 믿는다. 대구가 그런 도시가 될 수 있다고. 사람을 먼저 보고 제도보다 마음을 앞세우는 정치, 그것이 진짜 복지국가의 시작이다. 대구의 복지는 누군가를 돕는 제도가 아니라 모두가 다시 일어설 수 있는 용기의 체계가 되어야 한다.

▶ 대한민국을 발전시킨 정치
•「사회서비스 기본계획」및 '약자복지 2.0' 전략

① 새로운 돌봄·복지 수요(고령화, 1인 가구, 장애) 대응을 강화

② 민·관 협력 및 기술 활용(복지기술, AI 돌봄)으로 공급혁신 추진

③ 취약계층을 선별하기보다는 보편적·통합적 사회서비스체계 구축

④ 위기 알림 앱·AI 상담시스템을 활용한 조기발굴체계 구축

⑤ 집·요양·돌봄 등 통합지원플랫폼 개발

⑥ 돌봄서비스의 질·전달체계 개선

▶ 대구광역시를 변화시킨 정치
• 대구형 '복지+의료+주거 통합돌봄체계' 실현 전략

① 고령 친화·장애인·취약계층을 위한 통합돌봄플랫폼 운영
② 의료기관과 연계한 지역종합의료클러스터 조성 및 생활 주거지 맞춤형 지원
③ 복지재정의 약 37.3 %를 보건복지예산으로 책정해 집중 투자

국가 · 지역 한뿌리 발전협의회
"대한민국은 중심이 아니라, 연결에서 다시 강해진다."

대한민국의 지도는 오래전부터 하나의 방향만을 가리키고 있었다. 모든 길은 서울로 통하고 모든 예산은 중앙을 향해 흐르며 모든 권한은 중앙의 책상 위에 모여 있었다. 우리의 국토는 하나였지만 정치와 행정의 중심은 한곳에 고정되어 있었다.

그 결과 수도권은 과밀해지고 지방은 비어 갔으며 젊은이들은 기회를 찾아 떠났고 지역의 산업은 미래를 잃었다. 그러나 나는 현장에서 매일 보았다. 이 나라의 힘은 서울이라는 '하나의 점'이 아니라, 대구·광주·부산·강원·충청·제주 등 164개 지방정부가 서로 연결되어 이루는 '그물망' 이라는 사실을.

한 사회의 뿌리는 하나가 아니다. 숲은 한 나무로 자라지 않는다. 거대한 숲은 서로의 뿌리가 얽혀 서로를 지탱하며 자란다.

대한민국도 마찬가지다. 우리의 국가는 중앙의 한 뿌리로 버티는 나라가 아니라 수많은 지역이 서로의 뿌리가 되어 '연결된 힘' 을 만드는 나라여야 한다.

바로 이 철학에서 "국가 · 지역 한뿌리 발전협의회"가 출발한다.

우리는 세 가지 위기를 함께 겪고 있다.

지역소멸 위기는 228개 지자체 중 절반 이상이 인구감소 지역으로 지정되었고, 불균형 성장의 고착화는 GDP·일자리·대기업 본사·대학·의료 인프라가 수도권에 편중되었으며, 국가경쟁력의 분산과 쇠퇴는 세계 주요국은 지방분권과 도시 간 네트워크를 강화하는데 우리는 여전히 중앙 중심의 의사결정에 머물러 있음을 현실에서 체험적으로 겪고 있다.

이 세 가지 문제는 각 지역 단독으로는 해결할 수 없다.

지역의 문제는 '지역끼리' 해결해야 하고, 국가의 문제는 '국가와 지역이 함께' 해결해야 한다. 즉, 중앙-광역-기초가 하나의 동반자 구조로 전환되는 새로운 거버넌스가 필요하다. 바로 그 새로운 문을 여는 것이 국가·지역 한뿌리 발전협의회다.

한뿌리란 단순한 비유가 아니다. 이는 한국 정치가 잃어버린 두 가지 가치를 되찾자는 선언이다. 첫째는 어떤 지역도 뒤처지지 않게 하고 어떤 산업도 홀로 고립되지 않게 하며 어떤 세대도 기회를 잃지 않게 해야 하는 동반성장의 가치이고, 둘째는 지역이 경쟁만 하는 것이 아니라, 지식·인재·산업·문화·재정을 연결하여 서로를 키우는 국가적 연대 구조를 만드는 것으로 오늘날 한국 정치가 잊고 있는 중요한 상생의 구조이다.

중앙이 곧 국가가 아니다. 서울이 곧 대한민국이 아니다. 대한민국은 23만 북구 시민의 삶 안에서도 완성된다.

나는 북구의 현장에서 지역과 국가가 '다시 한 뿌리로 연결되는' 가능성을 보았다. 도청 후적지 혁신은 국가균형발전의 모델이 되고, 엑스코선은 광역교통망의 새로운 해법이 되며, 금호강 르네상스는 국가 수변생태 정책의 선례가 될 수 있고, 50사단 후적지는 국가 산업 재편의 핵심 축이 될 수 있다.

북구는 대구의 미래를 여는 열쇠고 대구는 국가균형발전의 핵심 파트너다. 북구가 지역혁신을 성공시키면 이는 대한민국 전체가 나아갈 하나의 새로운 모델이 된다.

그래서 북구는 이제 '지역의 한 축'이 아니라, 국가와 함께 성장하는 하나의 뿌리가 되어야 한다.

이 협의회를 통해 지역의 정책을 국가 아젠다로 끌어올리고, 북구·대구의 미래가 서울에 의해 결정되지 않는 구조를 만들 수 있으며, 중앙과 지역이 대등하게 협의하고 중앙·광역·기초·시민이 함께 '설계하고 책임지는 구조'로 바꾸는 공식 협의 테이블을 마련하며, 그 안에서 대구 북구는 도심융합·의료·수변·신공항·문화가 결합된 국가 상생 시범도시의 역할을 맡는 것이다.

■ 비전

"국가와 지역은 줄 세우기 관계가 아니라, 하나의 뿌리에서 뻗어난 가지다."

중앙정부와 지방정부가 국가재정·국가정책·균형발전 사업을 공동 설계하는 공식 구조로 특히 수도권·비수도권 격차, 광역 간 불균형을 줄이고 북구 같은 기초지자체의 성장 프로젝트를 국가 의제 안으로 끌어올리는 통로를 구축

■ **핵심 역할**

• 국가 균형발전·지방분권의 총괄 협의 테이블

• 국가균형발전특별회계, SOC, R&D, 문화·관광, 복지 예산 등 지역 관련 핵심 국비사업의 방향을 사전에 공동 논의

• 광역·기초 지자체 발전전략의 '국가 연계 창구'

• 대구 북구 10대 프로젝트(도청 후적지, 엑스코선, 금호워터 프런트 등)를 국가 중장기 계획과 연결하는 통합 창구

• 정책갈등·중복사업 조정

• 중앙부처 간, 광역 간, 광역-기초 간 중복·충돌 사업을 조정하고 "누락된 지역·계층"을 다시 끌어올리는 기능

도시 · 교통 · 환경 문제의 해법

도시는 사람의 얼굴이다

밤의 대구는 유리처럼 빛난다. 도로 위의 차들이 흘러가고 창문마다 다른 불빛이 반짝이며 사람들은 각자의 하루를 마무리한다. 그러나 나는 그 불빛 사이에서 묻는다. 도시는 누구를 위해 존재하는가. 도로가 넓어지고 건물이 높아져도 사람의 발걸음이 멈춘다면 그것은 이미 도시가 아니다. 도시는 인간의 삶을 담는 그릇이어야 한다.

"도시의 품격은 건축물이 아니라, 그 안을 걷는 사람의 표정에서 드러난다."(Jane Jacobs)

도시를 설계한다는 것은 건축의 기술이 아니라 관계의 복원이다. 오래된 벽을 허무는 일보다 잊힌 사람의 이야기를 다시 세우는 일이 더 중요하다. 낡은 담벼락 아래 남아 있는 화분 하나, 그것이 도시의 본질을 말해 준다.

겨울날 버스정류장에 서 있는 노인을 본 적이 있다. 버스는 좀처럼 오지 않았고 바람은 차가웠다. 그 기다림의 시간 속에서 나는 깨달았다. 교통은 기술이 아니라 존엄의 문제라는 것을.

도로의 폭보다 중요한 것은 한 사람의 이동권이다. 도시의 교통이란 효율이 아니라 공정한 접근의 철학에서 출발해야 한다. 출발선이 공평하지 않으면 도착점은 의미가 없다. 신호등의 몇 초, 버스정류장의 의자 하나, 횡단보도의 높이 하나, 그것이 시민의 하루를 바꾼다. 행정은 거대한 설계로서만 존재해서는 안 된다. 시민의 발걸음을 기억하는 행정이 진짜 정치다.

환경의 양심―
도시가 스스로를 되돌아보는 시간

금호강 둔치를 걷다 보면 강물 위로 비친 불빛이 흔들린다. 그 안에는 도시의 얼굴이 담겨 있다. 버려진 쓰레기, 탁한 물빛, 그러나 그 속에서 자라는 풀 한 포기와 연꽃 한 송이는 여전히 이 도시가 살아 있음을 증명한다. 환경은 기술의 문제가 아니라 윤리의 문제다.

도시의 환경정책은 개발의 부록이 아니라 정치의 양심이다. 나무 한 그루, 강의 수질, 공기의 냄새-그것은 행정의 보고서가 아니라 시민의 의식이다. 환경을 관리할 수는 있어도 존중하지 않으면 그 도시는 오래가지 못한다. 환경정책은 '보전'이 아니라 '관계의 회복'이어야 한다.

도시정책의 궁극은 내일의 자유를 지키는 일이다. 나무를 심는 사람은 그 그늘 아래 앉지 못할 수도 있다. 그러나 그 마음이 도시를 지속하게 만든다. 도시의 본질은 속도가 아니라 기억이며 개발의 목적은 경쟁이 아니라 공존이다. 나는 낙동강 위로 떠오르는 새벽을 바라보며 늘 다짐한다. 도시의 시간 속에서 사람을 잊지 않겠다고. 도시는 행정의 결과물이 아니라 시민의 표정으로 완성되는 살아 있는 유기체다.

기술의 도시, 사람의 미래

도시의 새벽을 깨우는 것은 언제나 사람의 발걸음이었지만, 이제는 센서의 불빛과 데이터의 신호가 함께 깨어난다. 대구의 거리를 비추는 가로등은 바람의 세기를 감지하고 교통 신호는 실시간으로 사람의 흐름을 읽는다.

그러나 나는 그 빛을 보며 묻는다. 기술은 누구를 위해 존재하는가. 스마트시티는 인간의 편리를 위한 구조이지만 그 중심에 사람이 사라진다면 그것은 '도시'가 아니라 '시스템'이다. 기술은 도구이지 목적이 아니다. 도시의 지능화는 효율을 위한 것이 아니라 사람의 시간을 되찾기 위한 혁신이어야 한다.

도시가 사람보다 앞서면, 기술은 언젠가 인간을 소외시킨다. 스마트시티의 본질은 편리함이 아니라 공존이다. 데이터와 알고리즘은 도시를 예측할 수는 있어도 사람의 마음을 이해할 수는 없다. 행정의 디지털화가 가속화될수록 행정의 감정화 또한 강화되어야 한다. 스마트시티란 냉철한 기술 위에 따뜻한 관계가 덧입혀진 구조여야 한다. 나는 믿는다. 기술은 사람을 돕는 순간 가장 인간적이 된다는 것을.

녹색의 시간—
도시가 숨 쉬는 법

대구의 여름은 뜨겁다. 그러나 금호강 둔치의 바람은 여전히 부드럽고 매인 자전거의 바퀴에는 먼지가 쌓여 있다. 나는 종종 그 길을 걸으며 생각한다. 도시가 숨 쉰다는 것은 무엇일까. 건물이 숲을 대체하고 강이 도로로 덮여도, 도시가 여전히 생명을 품을 수 있을까.

나는 그 답을 사람의 일상 속에서 찾는다. 나무 그늘 아래 앉은 어르신의 미소, 자전거를 타는 아이의 웃음, 텀블러를 들고 출근하는 시민의 모습 - 그것이 도시가 살아 있음을 증명한다.

"문명은 우리가 자연에 대해 얼마나 책임을 질 수 있는가 로 평가된다."(Weber)

도시의 친환경 전략은 기술의 혁신이 아니라 의식의 혁신이다. 행정은 태양광 패널을 세우고 전기차를 늘리고, 하수를 정화할 수 있다. 그러나 환경은 행정이 관리할 수 있는 대상이 아니라 시민이 감당해야 하는 관계다.

나는 이 도시가 '녹색의 기술'을 넘어 '녹색의 마음'을 품기를 바란다. 스마트시티가 기술의 진보라면 친환경 도시는 그 진보에 영혼을 불어넣는 일이다. 대구의 미래는 그 두 가지의 조화 속에서 피어날 것이다.

혁신의 윤리—
속도가 아니라 방향의 문제

도시는 속도를 자랑하지만 속도가 빠를수록 방향은 자주 잃는다. 혁신이란 새로운 것을 만드는 일이 아니라 오래된 것을 새롭게 이해하는 일이다.

스마트시티의 진정한 의미는 데이터의 축적이 아니라 공유의 철학이다. 사람의 삶에서 나온 데이터는 결국 사람에게 돌아가야 하며 그 과정이 공정할 때 기술은 민주주의와 만난다.

스마트시티는 투명한 기술, 개방된 정보, 공정한 접근 위에서 완성된다. 시민이 기술을 신뢰하지 못한다면 그 도시는 결코 똑똑하지 않다. 진짜 스마트는 데이터의 양이 아니라 시민의 참여로 결정된다. 혁신은 속도의 문제가 아니라 방향의 문제이며 그 방향은 언제나 인간을 향해야 한다.

"기술은 사람을 대체하지 않는다. 기술이 사람을 존중할 때 도시의 진화는 윤리를 얻는다."

이것이 대구가 나아갈 길이다. 기술의 도시가 아니라, 숨 쉬는 사람의 도시, 효율의 도시가 아니라 관계가 살아 있는 회복의 도시로 다시 태어나는 일이다.

▶ 대한민국을 발전시킨 정치

• 세종시 국가시범도시 「스마트시티」 프로젝트

"기술 중심이 아닌 인간 중심의 스마트시티, 데이터가 아니라 삶이 주인인 도시"

① 기본 구상

세종시 5-1생활권을 중심으로 약 2.7㎢ 규모의 도시 전역을 AI·IoT·자율주행·에너지·헬스케어 통합 플랫폼 도시로 설계

주민의 생활 데이터를 기반으로 교통·에너지·안전·복지 서비스를 실시간으로 연동하는 "스마트 시티 운영체계(City OS)" 구축

② 주요 사업 분야

- 스마트 모빌리티: 자율주행 셔틀, 실시간 교통수요 대응형 대중교통(DRT)

- 스마트 에너지: 제로에너지 주택단지, 분산형 태양광, 그리드 관리

- 스마트 헬스케어: 가정 내 건강 모니터링과 의료 데이터 연계

- 스마트 거버넌스: 시민이 정책을 직접 제안하고 실험하는 리빙랩 플랫폼

▶ 대구광역시를 변화시킨 정치

• 「대구형 녹색도시+스마트교통 통합전략」: EXCO선 + 워터프런트 + 스마트모빌리티

"삶의 질과 환경의 균형"이라는 새로운 철학 위에 "도시의 회복탄력성(resilience)"과 "시민 중심 이동권"이 핵심 가치

① 스마트교통 인프라

- 엑스코선(경대 북문 - 연경지구 12.4 km)을 모노레일(경전철)로 구축

- 실시간 교통수요 기반 운행시스템(DRT)과 통합 운영

- 교통 빅데이터와 AI 분석을 기반으로 환승 동선·배차 최적화

② 도시환경 + 워터프런트 복원

- 금호강 하중도~합류부 구간을 국가정원 후보지로 지정 추진

- 생태복원과 여가공간을 결합한 그린인프라 허브 조성

- 스마트 조명·센서 기반 IoT 수질관리, 전기수상택시 실증사업 병행

문화와 교육—
도시의 영혼을 세우다

기억의 도시—
문화는 시간을 품은 예술이다

도시는 건물로 세워지지만, 문화로 기억된다. 오래된 시장의 함성, 낡은 극장의 냄새, 골목 벽화의 붓 자국, 그 모든 것이 한 도시의 숨결이자 시간이다.

나는 수창청춘맨숀(구 KT&G 연초제조창 직원들 관사였던 폐 아파트를 리노베이션한 문화예술복합공간)의 좁은 복도에서 벽 화를 그리던 청년의 말을 잊지 못한다.

"사람들이 이 그림을 보며 잠시 멈춰 서면 좋겠어요. 그것만으 로 충분해요."

예술은 그런 것이다. 세상을 바꾸려 하기보다 세상이 멈추어 자신을 바라보게 하는 힘인 것이다.

문화는 도시의 장식이 아니라 도시의 기억이다. 개발의 굉음 속에서도 문화가 남는 이유는 그것이 인간의 언어이기 때문이 다. 대구의 문화정책은 화려한 축제가 아니라 일상의 예술을 품 어야 한다. 주민의 노래, 아이의 그림, 골목의 공연이 곧 도시의 정신이 된다.

배움의 도시―
교육은 인간의 가능성을 여는 기술이다

교육은 한 세대의 기억을 다음 세대의 가능성으로 잇는 다리다. 학교의 교실은 지식의 창고가 아니라 자유를 배우는 작은 세계다. 나는 어느 초등학교 교실에서 한 아이의 질문을 들었다.

"선생님, 우리가 배우는 건 세상을 바꾸는 연습이죠?"

그 물음은 단순하지만 그 속에는 교육의 모든 철학이 담겨 있었다.

> "교육은 사회를 재생산하는 수단이 아니라, 사회를 새롭게
> 하는 힘이다." (John Dewey)

듀이의 이 말처럼, 진짜 교육은 인간이 자기 삶을 이해하는 과정이다. 대구의 교육은 지식의 경쟁을 넘어 공감의 감수성으로 나아가야 한다. 교육은 경제의 수단이 아니라 사람의 존엄이며 학교는 시험의 공간이 아니라 사회의 축소판이다. 교실의 아이들이 웃을 수 있는 도시를 나는 진짜 선진도시라 부르고 싶다.

사람의 도시―
문화와 교육이 만나는 자리

문화가 도시의 영혼이라면 교육은 그 영혼이 미래로 이어지는

길이다. 둘은 분리될 수 없는 두 개의 심장처럼 서로를 움직인다. 교육이 감수성을 키울 때 문화는 그것을 표현으로 바꾸고 문화가 영감을 줄 때 교육은 그것을 제도의 힘으로 이어간다.

정치가 제도를 설계하고 행정이 구조를 세운다면, 문화와 교육은 그 위에 인간의 온도를 더한다. 대구의 미래는 그 따뜻함 속에서 완성될 것이다.

도시의 품격은 건축이 아니라 시민의 감수성에서, 정책이 아니라 배움의 깊이에서 나온다. 결국, 문화와 교육은 정치가 사람에게 되돌아가는 마지막 통로다. 그것이 도시의 영혼이며 인간이 사는 이유다.

배움의 온도―
교육은 희망의 첫 문장이다

봄비가 그친 뒤 대구 북구의 한 학교 운동장에 아이들이 뛰어다닌다. 진흙이 묻은 신발, 웃음 섞인 목소리, 그리고 교사의 다정한 시선. 그 풍경을 보고 있으면, 교육이란 국가의 구조가 아니라 사람의 관계임을 느낀다. 교실의 칠판보다 중요한 것은 아이의 눈빛이다. 정책보다 앞서는 것은 교사의 마음이다.

진짜 교육은 단순한 지식 전달이 아니라 사람의 가능성을 여는 일이다. 아이들이 배우는 이유는 시험을 치르기 위해서가 아니라 세상을 바꾸기 위해서다. 대구의 교육은 이제 암기보다 공감, 경쟁보다 협력으로 나아가야 한다. 학교가 성적의 사다리가 아니라 삶의 출발점이 될 때, 도시의 온도는 따뜻해진다. 나는 어느 초등학교에서 한 학생의 말을 들었다.

"선생님, 우리가 잘하면 우리 학교도 행복해지는 거예요?"

그 순수한 질문에, 나는 정치의 본질을 보았다. 정치도, 행정도, 교육도 결국은 누군가의 행복을 위한 연습이기 때문이다.

문화의 숨결—
사람의 삶을 기억하는 예술

저녁 무렵, 가끔 만나 담소를 나누던 젊은 예술가들을 만났다. 그들은 여전히 부족한 지원과 좁은 공간 속에서, 자신들의 예술로 세상을 말하고 있었다. 문화란 그런 것이다. 가난해도, 누가 알아주지 않아도, 사람의 삶을 기록하고 다시 세상에 돌려주는 묵묵한 기억의 언어다.

문화정책이란 결국 '지원'이 아니라 '존중'이다.

문화는 삶의 잔여물이 아니라 사람이 숨 쉬는 방식이다. 행정이 도시를 움직인다면 예술은 그 도시를 살아 있게 만든다. 대구의 문화가 산업을 넘어 사람의 일상이 될 때 그곳에서 비로소 복지와 교육은 완성된다.

균형의 도시—
사람의 중심

모든 정책은 효율이 아니라 정의로 평가되어야 한다. 교육·복지·문화의 균형이란 세 개의 축이 서로를 지탱할 때 완성된다. 배움이 사람을 세우고 복지가 그 사람을 지켜주며 문화가 그 사람의 삶을 기억할 때 비로소 한 도시는 '사람의 도시'가 된다. 대구는 지금 그 길 위에 서 있다.

산업의 도시에서 인간의 도시로, 속도의 도시에서 관계의 도시로. 그 변화는 제도에서 시작되지 않는다. 교실의 교사, 복지사의 손, 예술가의 숨결에서 자라난다. 그것이 내가 믿는 균형의 정치이며, 정치가 사람을 향해야 하는 이유다.

문화와 교육은 도시의 '내면 성장'이다

경제는 도시를 크고 빠르게 만들지만 문화와 교육은 도시를 깊고 단단하게 만든다.

세종시의 스마트시티가 '기술로 설계된 도시'라면 대구의 문화정책은 '이야기로 완성된 도시'다. 한쪽은 시스템의 혁신이고, 다른 한쪽은 영혼의 재건이다.

▶ 대한민국을 발전시킨 정치

• 「지역문화진흥법」 기반의 '문화도시 지정제'

① 시민이 직접 기획하는 문화캠프·공공예술프로젝트

② 지역 고유의 역사·언어·축제·교육자원 재해석

③ 학교 밖 시민대학·문화교육 플랫폼(지역학, 시민예술학교 등) 운영

▶ 대구광역시를 변화시킨 정치

• 「대구 문화예술교육 플랫폼」 및 「BTS 스토리·팔거산성 문화루프」 프로젝트

① 대구 문화예술교육 플랫폼(대구문화재단, 2023)

- 학교 예술교육(초·중·고)과 시민 예술대학 연계

- 예술인 인턴십·멘토링 제도 운영

- 지역예술단체·청년기획자 네트워크 형성

② BTS 스토리·팔거산성 문화루프 프로젝트

- 구암동 고분군(삼국시대 고분)과 팔거산성을 잇는 역사문화탐방로+K-컬처 스토리텔링 루트 조성

- BTS(뷔·슈가) 출신지 스토리를 지역의 문화콘텐츠로 재해석

- 청소년 대상 "K-컬처 아카데미", "뮤직·스토리 트레일", "야간 라이트업 공연·청년 도슨트 양성" 사업 병행

미디어·디자인 특구

"청년이 모이는 미디어·디자인 도시로, 콘텐츠가 일자리와
지역경제를 이끄는 K-크리에이티브 허브"

도시의 거리를 걷다 보면 새벽보다 먼저 깨어 있는 사람들이 있다. 반짝이는 모니터 불빛 아래 오늘도 새로운 이미지를 그리는 디자이너, 빈 화면 위에 이야기를 심는 영상 창작자, 그리고 사람들의 마음을 움직일 메시지를 고민하는 젊은 크리에이터들이다. 대부분 이름도 얼굴도 알려지지 않은 이들은 작지만 확실한 빛으로 도시의 미래를 그려 온 사람들이다.

그들의 손끝에서 만들어지는 하나의 포스터, 한 컷의 영상, 한 줄의 슬로건은 때로는 도시의 분위기를 바꾸고, 때로는 지역의 매력을 재발견하게 하고, 때로는 사람들의 마음에 새로운 문을 연다.

나는 오래전 시장 골목에서 하루 종일 손글씨로 간판을 만들던 한 장인의 모습을 기억한다. 삶의 무게에 눌려 굽은 어깨였지만 글자가 나올 때만큼은 그 어떤 예술가보다 당당했다. 그가 말하던 한마디는 오래 내 마음에 남았다.

"도시는 글자 하나, 그림 하나에도 온기가 담겨야 진짜 도시가 된다."

그 말은 단지 간판 이야기가 아니었다. 그것은 도시의 정체성, 도시의 창의력, 도시의 미래를 말하는 선언이었다.

디자인은 도시가 세상과 대화하는 언어이며, 미디어는 도시가 세계와 연결되는 창이다. 이 언어가 정교할수록 도시는 더 풍부해지고 더 매력적으로 성장한다.

그리고 그 언어를 쓰는 사람들-바로 청년 디자이너, 영상 창작자, 기획자, 창업가들이 도시의 미래를 끌고 간다.

도시가 이들을 지켜야 하는 이유는 이들이 문화 산업 노동자이기 이전에 도시의 생명력 자체이기 때문이다.

북구에는 대학이 있고, 문화적 자원이 풍부하고, 콘텐츠 산업의 기반도 있다. 그러나 문제는 연결의 부족이다. 영화·영상·디자인을 배우는 청년은 많은데 지역에서 일할 현장이 부족하다. 창작 아이디어는 많은데 사업화 지원이 약하다. 산업 인프라는 필요한데 창업·교육·실습이 흩어져 있다.

그래서 청년들은 졸업 후 대부분 서울, 경기, 부산으로 떠난다. 남는 것은 청년의 빈자리고, 도시의 문화적 경쟁력도 함께 빠져나간다. 이제는 이러한 흐름을 바꿀 새로운 창의산업 생태계가 필요하다.

나는 북구가 산업도시·교육도시를 넘어 창의도시(Creative District)로 세 번째 도약을 할 때라고 믿는다. 대학의 디자인·영상 교육, 북구의 역사·문화자원, 엑스코와 금호강의 공간, 신흥 창업 수요, 신공항 시대의 관광·미디어 수요 등 이 모든 요소가 결합하면 미디어·디자인 산업이야말로 북구가 가장 먼저 잡아야 할 미래산업이다.

그 시작이 바로 미디어·디자인 인재양성 및 산업육성 정책이며 이 정책은 단순한 사업이 아니라 도시의 정체성과 경제구조를 바꾸는 전략적 선언이 될 것이다.

정치는 예술가가 될 수는 없지만 예술가가 자유롭게 꿈꿀 수 있는 환경을 만들 수는 있다. 청년이 창작할 수 있는 공간을 만들고, 산업으로 이어질 수 있는 사다리를 만들고, 실패해도 다시 도전할 수 있는 제도를 만들고, 지역 안에 머물 이유를 만드는 것. 그것이 정치이고, 그것이 내가 북구에서 만들고 싶은 도시다.

■ 미디어 · 디자인 특구 지정

도청 후적지, 엑스코선 역세권, 경북대학교·경일대학교·계명문화대학교, 콘텐츠코리아랩 등 대학·연구·산업 인프라를 하나의 축으로 묶어 "미디어·디자인 융합 특구(가칭)"로 지정

- 산업: 방송·영상·애니·게임·UX·그래픽·브랜딩·콘텐츠 마케팅
- 교육: 대학·직업학교·야간·온라인 아카데미
- 문화: 축제, 전시, 크리에이터 페스티벌, 시민 참여형 프로젝트
- 청년 정착형 생태계

■ 미디어·디자인 특구 발전계획

① 코어존(핵심지구)

- 도청 후적지 + 북구청 신청사 주변 + 경북대 북문 일대
- 미디어·디자인 클러스터 빌딩: 스튜디오, 편집실, 코워킹

스페이스, XR · VR 스튜디오, 팟캐스트룸
- 청년 크리에이티브 하우스: 청년 창업 · 프리랜서용 소형 주거 + 공동작업실

② 서브존(보조지구)
- 엑스코 일대, 금호강 워터프런트 주변, 구수산도서관 · 문화시설 인근
- MICE 연계 콘텐츠존: 전시 디자인, 이벤트 영상, 공연 연출 등
- 야외 미디어 아트존: 미디어 파사드, 수변 라이트쇼, 인터랙티브 설치물

③ 네트워크 존
- 북구 전역의 전통시장·골목 상권 · 문화공간
- 브랜딩·공간디자인 지원 대상으로 묶어, "북구 전체를 하나의 전시·브랜딩 플랫폼"으로 활용

■ 디지털 콘텐츠 미디어 산업 육성
- 유튜브·OTT용 영상, 웹예능, 다큐, 숏폼, 라이브커머스
- 브랜딩·그래픽·UX/UI 디자인
- 지역 브랜드 개발, 공공·관광 브랜딩, 서비스 디자인
- 공간·전시·환경 디자인
- 전통시장·골목길 리뉴얼, 구도심 리브랜딩, 워터프런트 경관
- 게임·애니메이션·캐릭터 비즈니스
- 지역 스토리 기반 캐릭터, IP 상품, 관광굿즈

■ 인재양성 계획

① 교육 트랙 설정

- 기초 트랙(청소년·대학 전단계)
  - 청소년 미디어·디자인 캠프, 방과후 아카데미, 진로체험
  - "북구 잡월드"와 연계한 직업·전공 체험 콘텐츠 개발
- 전문 트랙(대학생·청년)
  - 경북대학교·경일대학교·계명문화대학교 등과 연계한 공동 커리큘럼
  - 영상편집, 방송기획, 애니메이션, 브랜드디자인, UX/UI, 3D·모션그래픽 등
- 전환 트랙(경력단절·중장년)
  - 디지털 리터러시 + 기초디자인·콘텐츠 교육
  - 골목상권·사회적기업과 연결된 실습형 프로젝트

② 장학·지원 제도

- 지역 기반 프로젝트에 참여하는 청년에게 교육비·장학금 지원
- 포트폴리오·쇼케이스 지원
- 연 1회 "북구 미디어·디자인 쇼케이스" 개최, 학생·청년 팀의 작품을 지역 기업·기관에게 공개 매칭

③ 생활지원 패키지(주거·코워킹)

- 청년 크리에이터를 위한 공공임대+작업실 결합형 주거 도입 검토

김규학이 꿈꾸는 세상

**세상을 바꾸는 건
혁명이 아니라 연대다**

제5장

북구 발전 현안과 대안

국민주권시대 – 주민이 먼저인 행정
북구하나 공공 · 민간 공동혁신단
북구 규제개혁 원스톱센터

북구 발전 현안과 대안

기억이 숨 쉬는 도시—
북구형 시민참여 도시재생 프로젝트

　대구 북구의 골목을 걸으면 시간의 냄새가 난다. 칠성시장 언덕 위에는 아직도 낡은 간판이 걸려 있고 침산동의 오래된 연탄 가게 앞에는 오늘도 장작더미가 쌓여 있다.

　낡은 창문 너머로 새어 나오는 불빛은 한 세대의 삶이 품었던 희망의 잔향처럼 느껴진다. 그곳엔 오래된 이웃의 안부와 웃음이 있었다. 그러나 지금 그 골목의 절반은 재개발 표지판으로 덮여 있다.

　'철거예정'이라는 붉은 글자는 그냥 벽에 쓰인 문구가 아니라 한 세대의 기억에 새겨진 이별의 문장이다.

　나는 이런 생각을 한다. 도시는 건물이 아니라 사람의 관계로 이루어져 있다. 벽돌이 사라져도 사람의 정은 남고 길이 바뀌어도 삶의 향기는 남는다. 하지만 행정은 종종 그 냄새를 잊는다.

"혁신은 새로운 것을 창조하는 것이 아니라, 잃어버린
가치를 되찾는 일이다." (Peter Drucker)

진짜 도시재생이란 단순히 낡은 건물을 허무는 일이 아니다. 그 속에서 살아온 사람의 이야기를 다시 꺼내어 도시의 기억으로 기록하는 일이다.

북구의 재생은 콘크리트가 아니라 '삶의 언어'로 설계되어야 한다. 칠성시장에는 여전히 손수 만든 수세미를 팔던 할머니의 자리, 침산동에는 매일 오후마다 나무 깎는 소리가 들리던 공방이 있었다. 이들의 삶은 행정 서류에는 남지 않지만 도시의 정체성을 이루는 '보이지 않는 문화유산'이다.

지금 필요한 것은 개발이 아니라 복원이다. 북구의 낡은 주거지와 시장은 단순한 낙후지역이 아니라 지역정체성의 원형이다. 이곳을 밀어버리는 대신 시민의 참여로 다시 살아나게 해야 한다.

도시재생은 행정이 아니라 약속이다. 그 약속은 벽돌이 아니라 사람의 손으로 완성된다. 북구의 골목에서 다시 들려오는 웃음과 인사, 그것이 바로 진짜 정치의 성취다.

▶ 정책 추진 방향 및 실행 계획

• 기억 기반 도시재생 플랫폼 구축

① 북구 전역에 '생활문화 리빙랩'을 설치하여 주민·청년·예술가가 함께 도시를 디자인

② 재생사업의 주체를 '주민참여협동조합'으로 전환하여, 행정 주도형에서 시민 자율형으로 전환

• 칠성동·침산동·대현동 중심의 테마형 거리 조성

① "기억의 거리", "공방예술길", "도시의 이야기 골목" 등 소규모 상권+문화결합형 재생

② 노후 점포를 공공리모델링 지원하여, 청년창업·예술공방·사회적기업 입주 유도

• 원주민 재정착 지원제도 강화

① 재개발 시 기존 거주민에게 '임대보증금 대출지원' 및 '상가 임차우선권' 제공

② 복합재생지역에는 '원주민 상생협의회'를 의무화

이동의 정의―
사람 중심 교통혁신과 무장애 도시

도시의 생명은 길 위에서 뛰고 시민의 행복은 이동 속에서 자란다. 매일 아침 대현동 사거리에서 정류장에 서 있는 어르신의 표정, 비 오는 저녁 칠곡3지구 환승역에서 버스를 놓친 직장인의 한숨, 지하철 계단 앞에서 휠체어를 밀고 땀을 닦는 보호자의 손길. 이것이 지금 우리가 사는 도시의 일상이다.

누군가는 "도시의 교통은 시스템"이라 말하지만 나는 "교통은 인간의 존엄이 통과하는 길"이라고 믿는다.

"문명의 진보는 인간이 서로에게 다가갈 수 있는 거리의
단축으로 측정된다."(Mahatma Gandhi)

대구 북구의 교통 현실은 여전히 불균형하다. 노원로의 정체는 시민의 인내를 시험하고 칠곡3지구의 버스 배차는 출근과 귀가 사이의 긴 기다림을 일상이 되게 한다. 산업단지와 주거지의 불균형한 배치로 대중교통 사각지대가 점점 넓어지고 있다.

이동은 생존의 문제이자 기회의 문제다. 길이 끊기면 사람의 가능성도 멈춘다. 따라서 교통의 본질은 단순히 '빠름'이 아니라 '도달의 공평함'이다.

정치는 이 공평함을 만드는 일이다. 단 한 사람이라도 불편하

지 않게 어느 노선에서도 놓치지 않게, 누구나 자유롭게 이동할 수 있게 만드는 것이 정치의 사명이다.

나는 교통을 단지 인프라로 보지 않는다. 그것은 시민이 서로를 만나는 통로이며 지역의 산업이 살아나는 혈관이며, 도시의 생명력을 공급하는 심장이다.

"기술은 도시를 바꾸지만, 연결은 사람을 바꾼다."
(Bill Gates)

정치의 기술은 결국 연결의 예술이다. 한 사람의 걸음이 멈추지 않도록 길을 닦고 모든 세대가 이동의 자유를 누릴 수 있게 하는 것. 그것이 내가 꿈꾸는 '북구형 교통복지 도시'의 완성이다. 어느 복현동 주민의 말처럼 지하철 4호선으로 이제 북구는 '길이 이어지는 도시'에서 '사람이 이어지는 도시'로 바뀌고 있다.

▶ **정책 추진 방향 및 실행 계획**
• **북구형 스마트 교통 플랫폼 구축**
① 교통 혼잡도, 대중교통 이용량, 사고율 데이터를 통합 관리하는 '스마트 교통 통합관제시스템' 구축
② 실시간 신호제어로 출퇴근 피크타임 20분 단축

③ 시민이 직접 노선 개선을 제안할 수 있는 '참여형 교통 앱' 도입

• 무장애(Barrier-Free) 도시 조성 프로젝트

① 장애인, 노인, 임산부, 유아차 이용자 모두를 위한 '보행약자 통합 접근성 지도' 제작

② 보도턱 개선 100%, 신호음성장치 확대, 공공건물 엘리베이터 의무화

③ 저상버스 100% 도입 및 '북구 무장애 이동서비스 센터' 설립

• 친환경 환승 허브 및 순환교통체계 구축

① 칠곡중앙·복현·태전 일대에 '환승 허브 복합센터' 신설

② 자전거 전용도로와 전기 스쿠터 스테이션을 환승체계에 통합

③ 금호강변 자전거길을 도시 내 순환도로와 연결해 '도보＋자전거 통합 생태도로망' 완성

• 수요응답형 마을버스(DRT) 도입

① 관음동·노곡동 등 대중교통 소외 지역에 AI 예약형 마을버스 투입

② 이용자 맞춤형 노선 설계로 평균 대기시간 15분 → 5분 단축

배움의 품격―
교육과 문화가 공존하는 북구형 창의도시

아침 8시, 칠곡의 어느 초등학교 운동장. 아이들이 손에 도시락을 들고 뛰어 다닌다. 멀리서 들려오는 종소리는 단순한 등교의 신호가 아니라 세대가 지식을 잇는 희망의 울림처럼 느껴진다.

나는 종종 그런 풍경 앞에서 멈춘다. 이 작은 교정 안에서 미래의 사회가 자라고 있기 때문이다.

"교육은 세상을 바꾸는 가장 강력한 무기다."
(Nelson Mandela)

그러나 우리 사회의 교육은 여전히 점수를 중심으로 움직인다. 아이의 가능성은 시험으로 측정되고 학교는 꿈을 키우는 공간이 아니라 경쟁의 전장처럼 변해 버렸다. 청년들은 '좋은 대학'의 문턱 앞에서 스스로의 가치를 평가받고 그 과정에서 배움의 기쁨은 잊힌다.

나는 이런 현실이 너무 아프다. 왜냐하면 진짜 교육은 시험이 아니라 삶의 해석을 배우는 과정이기 때문이다. 대구 북구의 교육현장은 특히 이러한 구조적 불균형의 단면을 보여준다.

침산·복현·태전 등 일부 지역은 신도시 개발과 함께 학교시설이 새로 생기고 교육환경이 개선되고 있지만 구도심과 농촌형 마을에는 여전히 노후한 교실, 부족한 방과후 프로그램, 그리고 사교육 의존도가 높은 현실이 공존한다. 그 차이는 단순한 환경의 격차가 아니라 아이의 가능성이 결정되는 격차다.

나는 생각한다. 정치는 이 격차를 줄이는 일이어야 한다. 부모의 소득이 아이의 미래를 결정하지 않게 하고 배움이 경쟁이 아니라 공존이 되게 하는 것. 그것이 교육정의의 출발이다.

"교육의 목적은 단순히 직업인을 만드는 것이 아니라, 세상을 이해하고 바꾸는 시민을 기르는 것이다." (John Dewey)

듀이의 이 말처럼, 학교는 '작은 민주주의의 실험실'이다. 아이들이 교실에서 토론하고 다름을 배우며, 협력을 익히는 순간, 그것이 바로 정치의 가장 순수한 형태다. 그래서 나는 학교를 '정치의 첫 교실'이라 부른다.

대구 북구의 미래는 교육에서 시작된다. 청년이 머물고, 배우고, 성장할 수 있는 도시만이 살아남는다. 나는 '배움의 품격'을 통해 북구를 교육도시로 다시 세우고자 한다.

그것은 단순한 학교 개보수가 아니라 도시 전체를 하나의 거대한 학습 공동체로 만드는 일이다.

정치는 학교와 예술을 분리하지 않는다. 교육이 인간을 깨우고 문화가 그 깨달음을 표현하게 할 때 도시는 성장한다. 나는 북구를 지식의 도시이자 감성의 도시로 만들고자 한다.

아이들의 웃음이 거리의 음악이 되고 청년의 창의가 산업으로 자라며 노년의 지혜가 교육의 토양이 되는 도시-그 도시의 이름은, 배움의 품격이 살아있는 북구다.

▶ **정책 추진 방향 및 실행 계획**

• **북구 창의교육 융합캠퍼스 설립 - "Learning City North"**

① 초·중·고·대학·기업이 함께 참여하는 미래인재 양성 허브 조성

② AI, 로봇, 콘텐츠, 환경과학 등 4대 미래교육 분야 중심으로 청소년-청년-성인까지 연계한 세대통합형 학습 플랫폼 운영

③ 관내 대학(경북대, 대구가톨릭대)과 협약을 맺어 산학협력 프로젝트 지원

• **평생학습 문화도시 구축**

① 복현·침산·태전·노원 지역의 유휴 공공건물을 리모델링하여 '생활 속 배움터' + '시민학습카페'로 재탄생

② 어르신을 위한 '디지털 배움학교', 경력단절 여성을 위한 '리턴스쿨' 운영

③ 주민이 직접 강사로 참여하는 "북구형 시민강사 인증제" 도입

- **청년문화 창작 펀드 - 'CREATIVE NORTH' 프로젝트**

① 예술·콘텐츠·패션·공예 분야 청년창작자에게 초기 자금
  (1,000만~5,000만 원) 매칭 지원

② 북구 문화재단과 민간 투자자의 공동기금으로 운영

③ 연 2회 '북구 청년문화 박람회' 개최, 지역 내 소비와
  연계

- **학교 밖 청소년 지원 확대 및 창의공간 조성**

① 대안학교 · 자립형 학습공간을 확대해 교육의 포용성
  강화

② 금호강변과 구암동 일대에 '청소년 문화 · 과학 체험센
  터' 설립

북구하나 공공 · 민간 공동혁신단

"정치는 혼자 하는 일이 아니다. 도시는 '함께 바꾸는 힘'이 있을 때 비로소 앞을 향해 움직인다."

도시를 걷다 보면 한 사람의 노력으로는 결코 바꿀 수 없는 풍경들이 보인다. 노후한 골목, 멈춰 선 상권, 사라져 가는 청년들…

그리고 그 사이를 묵묵히 버티며 살아가는 시민들의 얼굴. 그러나 놀랍게도, 나는 그 얼굴에서 언제나 가능성의 빛을 먼저 보았다. 문제는 시민에게 있는 것이 아니라 그 가능성을 모으지 못한 정치와 행정의 구조에 있었다.

세상의 변화는 종종 "위에서" 내려오지 않는다. 변화는 늘 "아래에서" 시작되고 그 아래의 목소리를 듣고 정책과 제도를 다시 짜는 이들이 있을 때 완성된다.

그것이 바로 참여의 정치, 동행의 행정이다. 그동안 지역의 문제를 해결하려 할 때마다 우리는 벽에 부딪혔다. 행정은 절차에 막히고, 민간은 기회에 닿지 못하고 전문가는 활용되지 못한 채 흩어지며 주민은 "왜 우리는 항상 뒤늦게 알게 되는가"라는 질문을 던졌다.

도시는 멈춘 것이 아니라 서로 연결되지 못한 채 제각각 움직이고 있었던 것이다.

그래서 이제는 행정·기업·전문가·주민이 따로 움직이는 시대를 끝내고 하나의 팀, 하나의 플랫폼, 하나의 공동체로 묶어야 한다. 그 결론이 바로 '북구하나 공공·민간 공동혁신단' 이다.

전통적 행정은 "지시와 승인" 의 방식으로 움직였다. 그러나 진짜 혁신은 권력이 모인 곳에서가 아니라 다양한 힘이 연결되는 곳에서 시작된다.

정치란 시민의 가능성을 묶어 도시의 미래를 여는 구조를 만드는 일이다. 이제 북구는 행정의 힘만으로 미래를 만들 수 없다. 기업의 창의성, 전문가의 지식, 시민의 생활경험, 청년의 아이디어, 사회적 약자의 필요, 공무원의 실무능력… 이 모든 것이 하나로 모여야 진짜 미래가 열린다.

'공동혁신단' 은 바로 이 연결을 제도화하는 정치적 실험이자 실천이다.

지금 북구에 필요한 것은 '속도' 가 아니라 '함께 가는 힘' 이다.

도시는 빠르게 변하지만 행정은 그 속도를 따라가지 못하고, 민간은 방향을 잡지 못하며, 주민은 변화의 혜택을 충분히 누리지 못한다. 그래서 북구는 지금 단순한 행정조직이나 임시기구가 아니라 문제를 발견하고, 해결책을 만들고, 실행하고, 평가하는 전 과정에 주민과 민간이 함께 참여하는 구조가 필요하다.

이것이 바로 공공·민간이 "하나로" 움직이는 혁신의 플랫폼, 북구하나 공동혁신단의 탄생 이유다.

■ 설립 목적

① 실천 중심 조직
- 정책을 수립하는 데에서 멈추지 않고 현장에서 실행하고, 문제를 해결하고, 성과를 만드는 체계 구축

② 공공-민간-전문가 공동 집행
- 정책 집행 과정에 공무원(실행), 민간전문가(지식·기술), 시민대표(감시·참여)가 함께 참여하여 집행의 투명성·효율성·속도를 높임

■ 실행 중심

① 규제개혁·민원해결
- 현장 규제 발굴, 해소, 주택·기업·환경·교통 민원 신속 해결, "규제·민원 원스톱센터" 운영

② 예산·집행혁신
- 예산 낭비 잡기, 사업지연 원인 분석 → 해결안 마련, "실행률 100% 캠페인" 운영

③ 정책개선·행정혁신
- 각 부서 정책점검, 불필요·중복 사업 조정, 우수정책 벤치마킹 → 북구형 모델로 적용

④ 현장점검·피드백
- 매주 현장 모니터링, 민원 다발 지역 즉시점검, 정책의 "현장 반응"을 원탁회의에 역보고

■ 공동혁신단의 차별성

① 논의 조직이 아니라 실행 조직

- 원탁회의가 정책을 70% 만들면 공동혁신단이 70%를 현장에서 완성함

② 공공-민간 공동 집행

- 공무원이 놓친 부분은 전문가가 채우고 전문가가 놓친 부분은 시민이 보완

③ 속도·혁신·투명성 결합

- "확인되지 않은 사업" 없음 "왜 늦어졌는지 모르는 사업" 없음 "민원이 묻히는 일" 없음

세대공감 도시―
함께 사는 기술을 실현하다

북구의 도시는 나지막한 단층 주택이 늘어서 있는 동네와 골목이 자리하고 있다. 오래된 주택의 담 너머로 들리는 서로 다른 세대의 목소리가 교차한다. 어르신의 라디오에서는 옛 트로트가 흐르고 그 아래층 창문에서는 아이의 스마트폰 게임 소리가 새어 나온다.

서로 다른 리듬이 겹쳐진 그 풍경이 어쩌면 우리 사회의 축소판일지도 모른다. 노년은 외롭고 청년은 불안하며 중년은 지쳐 있다. 그러나 그들 모두는 이 도시의 이름으로 함께 살아간다.

"한 세대가 다음 세대를 위해 무엇을 남기는가, 그것이 문명의 품격을 결정한다." (Franklin D. Roosevelt)

나는 정치란 세대 간의 대화라고 믿는다. 젊은 세대가 꿈꾸는 미래와 나이 든 세대가 지켜 온 가치는 서로 다른 방향이 아니라 같은 길 위의 두 발자국이어야 한다. 그런데 오늘의 사회는 점점 이 발걸음을 분리시킨다.

청년은 기회의 사다리를 잃고 노인은 관계의 온기를 잃는다. 가정의 형태가 달라지고 마을의 공동체가 약해지면서 서로를 돌보는 힘은 점점 줄어들었다. 이 단절은 복지의 문제이자 도시의 지속가능성에 대한 경고다.

　나는 늘 생각한다. '함께 사는 기술' 이야말로 정치가 회복해야 할 가장 근본적인 능력이다. 행정이 제도를 만들고 시민이 그 제도 안에서 다시 연결될 때 비로소 도시의 온기가 되살아난다.

　"세대 간의 연대 없이는 민주주의도, 지속가능성도 존재할 수 없다." (Pope Francis)

　정치는 세대를 잇는 다리다. 노년이 청년에게 지혜를 나누고 청년이 노년에게 기술을 나눌 때 그 다리는 더 단단해진다. 나는 그런 도시를 꿈꾼다. 나이와 세대, 계층을 넘어 서로가 서로의 미래가 되어주는 도시. 북구가 그 출발점이 되길 바란다.

▶ 정책 추진 방향 및 실행 계획

• 세대공감 복합커뮤니티센터 –
"북구 함께삶 플랫폼" 조성

① 침산 · 구암 · 노원 지역에 복지+문화+교육+돌봄이 통합된 세대공감형 거점센터 구축

② 어르신은 강사가 되고, 청년은 멘토가 되며, 아이들은 배움의 주체가 되는 '순환형 관계도시' 모델 실현

③ '함께삶 카페', '공유부엌', '생활돌봄 스테이션'을 결합한 복합공간으로 운영

- **세대 연계형 일자리 · 멘토링 프로그램**

① 퇴직자 전문기술을 활용한 '청년 창업 멘토단' 구성

② 청년층은 디지털 역량을, 노년층은 현장경험을 공유하는 세대교차형 재취업 프로그램 운영

③ 중·장년층을 대상으로 '돌봄 서포터즈' 양성 → 지역 노인·아동 돌봄 연계

- **마을단위 상호돌봄 시스템 -**
  "우리동네 케어링 네트워크"

① 골목별로 자원봉사자·복지사·주민대표가 함께 구성하는 마을돌봄협의체 제도화

② 독거노인, 한부모가정, 장애인가정의 긴급상황을 실시간으로 연결하는 '북구형 돌봄앱' 개발

③ 사회복지·보건·교육·경찰의 데이터 통합관리로 위기 대응 속도 향상

- **청년 · 신혼세대와 노년층의 주거공유 프로젝트 -**
  "세대공존하우스"

① 노년층 유휴주택을 리모델링하여 청년·신혼세대와 공동생활 가능하도록 지원

② 임대료 절감(시세의 40~50%) + 정서적 교류로 고독감 완화

③ 사회적기업과 연계해 관리 및 커뮤니티 활성화

북구의 지속가능한 미래

도시의 미래는 갑자기 오지 않는다. 그것은 오늘의 선택과 내일의 책임이 겹쳐 쌓인 시간의 결과다.

새벽 금호강 변을 걸으며 문득 생각한다. 이 도시가 10년 후, 20년 후에도 사람 냄새 나는 곳으로 남으려면 지금 무엇을 바꾸어야 할까. 도시는 단지 건물의 집합체가 아니다. 그 안에는 사람의 삶, 기억, 그리고 희망이 흐른다. 그래서 나는 북구의 미래를 '사람 중심의 지속가능한 도시'로 그리고자 한다.

> "정치란 미래를 예견하는 예술이며, 그 미래를 준비하는 책임이다."(Winston Churchill)

우리가 준비해야 할 미래는 단순히 경제적 성장의 그래프가 아니다. 그것은 기후위기 속에서도 숨 쉴 수 있는 환경, 기술의 시대에도 소외되지 않는 인간의 존엄, 그리고 세대가 함께 웃을 수 있는 공동체다.

정치는 이 세 가지를 조율하는 지휘자여야 한다. 오늘의 정책이 내일의 시민을 지탱하고 내일의 꿈이 오늘의 삶을 바꾸는 선순환 구조. 그것이 바로 '북구 2030 비전'의 핵심이다.

이 책에서 '북구 2030 비전'을 통해 지금까지의 정치여정을 주민들과 함께 나누고 공감하려고 한다.

▶ 정책 방향 및 추진계획

- 생태도시 북구 - "Green Renaissance Project"

① 금호강 수변에 '생태 회복형 수변벨트' 조성: 습지복원, 수질정화, 생태산책로 연결

② 학교와 공공기관 중심의 '기후 시민교육 네트워크' 설립

③ 도시 내 폐자원을 재활용하는 '순환경제 플랫폼' 도입

- 미래산업도시 북구 - "Smart Creative Economy"

① 대구로봇산업진흥원, 경북대, 지역기업이 연계된 'AI·로봇산업 혁신밸리' 조성

② 청년 스타트업에 '스마트팩토리 제작지원센터' 제공

③ 북구산업단지 리모델링 → '탄소중립형 산업단지'로 전환

④ 대학 연구실·기업·시민이 함께 참여하는 '공유 R&D 플랫폼' 구축

- 문화산업의 도시 - "Creative Culture North"

① 칠곡·태전 일대에 'K-Culture 콘텐츠 창작단지' 조성

② 지역대학 예술학과·콘텐츠 기업·방송국 연계 '문화산업 허브센터' 운영, 매년 봄, '북구 국제문화예술축제' 개최

③ 청년 아티스트를 위한 '창작펀드' + '공유스튜디오' 지원

- **사람 중심 복지도시 - "Inclusive North Project"**

① 모든 행정서비스를 통합한 '복지원스톱 통합플랫폼' 구축

② 맞춤형 사회서비스 + 고독사 예방 AI시스템 도입

③ 청년 · 노년 세대가 함께 참여하는 '공유돌봄 커뮤니티' 운영

④ 장애인 자립일터와 돌봄시설 확충

북구 규제개혁 원스톱센터

"민원이 사라지고, 규제가 풀리는 북구" 실현 모델

　도시는 늘 눈에 보이는 문제들만 이야기한다. 하지만 시민의 삶을 가장 무겁게 짓누르는 것은 보이지 않는 곳에 숨어 있는 작은 규제와 느린 절차 그리고 끝없는 서류다.

　한 청년 창업자는 말했다.

　"가게를 차리는 것은 쉬웠습니다. 그런데 가게를 열기까지가 너무 힘들었습니다."

　한 어르신은 말했다.

　"도움을 받으려면 서류가 산더미인데 서류를 준비하다 보면 또 다른 서류가 필요하더군요."

　정치는 이렇게 숨은 고통을 발견해 내는 순간부터 시작된다. 규제개혁은 거대한 담을 무너뜨리는 일이 아니라 시민 앞에 놓인 작은 돌멩이 하나를 치워주는 일에서 출발한다.

　현대 행정의 가장 큰 문제는 규제가 많아서가 아니라 그 규제가 사람의 삶을 고려하지 않고 작동한다는 점이다. 서류는 사정을 모른 채 요구하고, 절차는 사람의 속도를 따라가지 못하고, 행정은 책임을 서로 떠넘기며 시민의 시간을 태워 버린다.

　규제개혁 원스톱센터는 행정기관의 편의가 아니라 시민의 시간과 권리를 보호하는 도시로 가는 철학적 선언이다.

북구는 도심융합특구, 엑스코선, 신공항 연계도시, 의료산업클러스터 등 대규모 변화와 개발이 집중된 지역이다. 그러나 이러한 성장의 기회를 가장 먼저 막는 것이 바로 규제와 행정 절차의 벽이다.

창업하려는 청년은 어떤 부서를 가야 할지 모른다. 개발을 하려는 기업은 허가와 협의 절차만 10개가 넘는다. 장애인·다문화가정은 복지 안내서가 복잡해 접근조차 어렵다.

규제개혁 원스톱센터는 이름만 들어보면 일개 부서 같지만 실제로는 도시 행정철학을 뒤바꾸는 북구형 행정혁신의 출발점이다. 이 센터는 단순한 창구 통합이 아니라 다음의 도시 비전을 실현한다.

정치는 거대한 건물을 짓는 일보다, 시민의 한숨을 없애는 일에서 더 큰 의미를 찾는다. 규제개혁 원스톱센터는 북구의 경제를 살리고 시민의 시간을 지키며 도시의 행정철학을 새로 쓰는 가장 의미 있는 변화가 될 것이다.

나는 시민의 불편을 해결하는 일에서 정치의 진정한 존재 이유를 본다. 북구는 이제 문턱 없는 행정, 기다림 없는 행정, 사람을 먼저 생각하는 행정으로 나아가야 한다.

■ 설립 목적
① 규제·민원·허가의 한 번에 끝나는 처리체계 구축
 - 담당 부서를 찾아 헤매지 않아도 되는 통합창구 구축

② 현장·기업·주민의 "애로규제"를 즉시 해소
  - 작은 민원은 바로 처리하고, 법령·광역 협의가 필요한 사안
    은 상향 패스트트랙 운영
③ 북구의 대형 전략사업(도청 후적지·엑스코선·국가정원 등)
  의 규제 리스크 사전 제거
  - 대규모 개발·혁신사업의 일정 지연 원인을 사전에 잡는
    체계

■ 운영 프로세스(핵심)
① 원스톱 접수(One-Stop Intake)
  - 방문·전화·온라인·모바일 모두 통합
  - 민원인의 "한 번 말하면 끝나는 구조" 구축
  - 접수 즉시 담당팀 자동 배정+예상 처리시간 안내
② 즉시판단·즉시해결 시스템(Fast Decision Route)
  - 즉시 처리 가능 민원: 24~72시간 내 해결
  - 처리 어렵거나 부서 협의가 필요한 경우 → 즉시 '규제·민
    원 소위원회' 자동 회부
  - 해결 지연 시 → 센터장이 직접 회의 소집 및 결정
③ 복합·중대 규제: 패스트트랙 상향(Fast-track Up)
  - 해결이 어려운 규제는 다음 단계로 자동 진행: 구청장 결재
    로 즉시 협의 요청 → 대구시
  - 대구시에서도 해결 안 될 경우 중앙부처(산업부·국토부·복
    지부 등)에 공식 의견서 제출

- 법령 개정이 필요한 경우 → 국회입법조사처·지방4대협의

  체 채널 활용

④ 현장점검 119 체계

- 문제 발생 → 2시간 이내 출동

- 현장에서 개선 가능한 이슈 즉시 해결

- 미해결 건은 규제개혁팀으로 자동 연계

- 월별 "현장 민원 매핑 지도" 공개

■ 북구형 차별성(핵심 경쟁력)

① 정책·민원·규제를 한방에 묶어서 해결

- 단순 민원센터가 아니라 인허가·규제개선·정책개혁까지

  담당하는 전주기 시스템

② 대형사업 중심 '프로젝트 레드팀' 운영

- 10대 프로젝트마다 규제리스크를 사전에 진단하고 장애 요

  인을 조기 차단

③ 공공-민간-전문가 공동 집행 구조

- 지역 건축사, 변호사, 노무사, 세무사 등 전문가가 참여해 실

  제 해결 가능한 방안을 제시

④ 처리 속도 혁신 - 3·7·30 원칙

- 3일 처리 가능한 민원은 3일 이내

- 7일 처리 가능한 민원은 7일 이내

- 30일 넘기는 사안은 분기 보고(전문가 검토)

김규학이 꿈꾸는 세상

세상을 바꾸는 건
혁명이 아니라 연대다

제6장

기록으로 남는 정치, 김규학의 길

제6장

기록으로 남는 정치, 김규학의 길

집과 마을을 위한 정치

나의 첫 정치적 실험무대는 '집'과 '마을'이었다. 북구에는 대단지 아파트와 오래된 소규모 공동주택이 뒤섞여 있고 그 안에는 관리 사각지대·주차 갈등·노후시설 문제로 인한 주민 갈등이 끊임없이 반복되고 있었다. 나는 이 문제를 단순한 민원 처리가 아닌 "주거 기본권과 공동체 회복"의 관점에서 바라봤다.

그 결과물이 바로 「공동주택지원조례(가칭)」 제정이다. 이 조례는 △단지 내 공용시설·놀이터·담장 허물기 등 공공성 있는 시설 개선에 구청이 예산을 지원할 수 있는 근거를 만들고, △입주자대표회의·관리사무소·주민들이 함께 계획을 세우면 북구에서 이를 뒷받침하도록 설계한 제도적 틀이었다.

단순히 "돈을 지원하는 조례"가 아니라 주민 스스로 자신의 주거환경을 계획하고 행정은 조력자로 참여하는 구조를 제도화했다는 점에서 의미가 크다.

같은 시기 팔거천을 콘크리트 수로에서 생태하천으로 되돌리는 작업에도 깊게 관여했다. 팔거천은 북구를 관통하는 대표적인 도심 하천이지만 오랫동안 치수 중심의 직강화·콘크리트 정비로 인해 생태성이 크게 훼손돼 있었다.

대구시와 북구청은 팔거천을 대상으로 생태복원·수질개선·친수공간 조성계획을 수립했고, 주민·전문가 토론회 등에서 팔거천의 생태환경과 수질 현황, 보전·복원 방향이 본격 논의되기 시작했다.

나는 팔거천을 "치수의 하천이 아닌, 마을의 강·생태의 강"으로 돌려놓기 위한 예산 반영과 사업 방향 설정에 힘을 쏟았다. 직선화된 구간을 완만하게 조정하고, 인공 구조물을 줄이며, 하천변 산책로·자전거도로·생태습지 등을 연계하는 방향으로 사업을 유도했다.

▶ 사실 및 성과 근거

- 2006년-2010년 공동주택지원조례법 제정 및 팔거천 생태하천 조성(주요 내용: 도시건설위원장 재임 시 성과)

교육공동체와의 대화―
예산이 아이들의 웃음으로 돌아오다

2009년 9월 7일, 제171회 본회의에서 나는 자율형사립고·우수 사립고 유치를 제안하며 '지역의 교육 인프라가 청년의 미래를 좌우한다'고 강조했다.

이후 2010~2013년경 북구 내 학교장·운영위원장·학부모 대표와 함께 '예산 전 간담회 제도'를 처음으로 도입해 학교시설 보수, 통학로 안전, 학교폭력 예방, 급식시설 개선 등 현안 60여 건을 사전에 조율했다.

학생은 책상 앞에 앉아 공부만 하는 존재가 아니다.

그들은 늘 꿈과 불안을 번갈아 담고 학교로 향한다.

2009년 9월 7일, 나는 북구의회 본회의장에서 자율형사립고 유치와 교육 인프라 강화를 제안했다. 그 날의 발언은 단지 작은 목소리였지만 내 정책 언어의 첫 페이지였다.

이후 몇 해 동안 나는 학교장·학부모·운영위원장들과의 예산 전 간담회를 정례화했다. 불안한 통학로, 노후 교실, 급식의 위생 등 모든 현안들이 간담회에서 예산 심의의 중심으로 놓였다. 그 결과 통학로 보안등 신규 설치, 초등학교 보도블럭 교체, 급식소 리모델링 등 구체적 성과가 이어졌다.

교육정책은 먼 미래의 씨앗이지만 그 씨앗을 뿌리는 작업은 지금 여기에서 아이들 눈빛을 마주하는 대화에서 시작된다.

▶ 사실 및 성과 근거

2009. 9. 7. 제171회 본회의 구정질문: 자율형사립고·우수
사립고 유치 제안【북구의회 회의록】

2010~2013년간 학교 현장 예산 간담회 제도화, 통학로 안
전시설 보강, 학교시설 개선 예산 확보【의정활동 기록】

초심으로 돌아보다―
북구에서 배운 정치의 시작

2009년 대구광역시 북구의회 시절, 도시건설위원장으로서 나
는 첫 회의를 이렇게 시작했다.

"건설의 목적은 콘크리트가 아니라 사람의 안전이다."

그 시절 나는 도로정비, 통학로 개선, 소방안전 예산 확보 등 생
활형 현안을 중심으로 정책을 다뤘다. 이후 시의원 정치를 하는
동안에도 교육·복지·문화·안전은 나의 정치의 4대 키워드로 남
았다.

2009년, 북구의회 도시건설위원장 회의장에서 나는 위원장 자
격으로 개의를 선언하며 "도시는 콘크리트가 아니라 사람의 안
전"이라고 말했다.

그 시절, 소소한 도로정비·소방 예산 확보·통학로 개선 등이
내 정치의 첫 밑그림이 되었다.

구의회에서 시의회로 이어지는 여정 속에서 내 정치의 키워드는 처음부터 단 하나였다. 교육, 복지, 문화, 안전이 하나의 축이어야 한다는 믿음이었다.

▶ 사실 및 성과 근거

- 2009. 10. 21.~22. 제172회 북구의회 도시건설위원회 회의 진행(위원장)【회의록】
- 행정사무감사 계획서 작성·채택 주도, 교통안전·도로보수·환경개선사업 예산 확보【기록】
- 북구의회→대구광역시의회로의 활동 연속성 확인: 교육·문화·안전 중심 기조 유지

교육행정의 불평등을 바로잡다

나의 정치 철학은 복지, 문화, 교육을 중심으로 사회적 연대, 포용적 복지가 자리잡고 있다. 그중 하나가 교육행정의 불합리 해소였다.

대구광역시교육청 산하에는 공무원과 계약직 직원이 같은 사무실, 같은 업무를 수행하면서도 퇴근시간·근무조건에서 차별을 겪는 구조가 고착되어 있었다.

같은 책상에서 같은 민원을 처리하지만 한 사람은 정규직 공무원이고 다른 한 사람은 1시간 더 늦게 퇴근해야 하는 계약직인 현실은 '법적으로는 합법일지 몰라도 정치적으로는 방치된 차별'이었다.

나는 이 문제를 "노동의 형평성과 행정의 도덕성"의 문제로 제기했다. 내가 참여한 「대구광역시교육청 행정지원조례 개정」을 통해 교육청·학교 현장에서 근무하는 행정보조·계약직 직원들의 근무시간, 업무범위, 임금체계 격차를 해소하고, 장기적으로는 비정규직의 정규직 전환 및 처우 개선으로 교육행정에서도 포용적 복지 정책이 자리 잡을 수 있었다.

▶ 사실 및 성과 근거

2010년-2014년 대구광역시교육청 행정지원조례 개정(주요 내용: 공무원과 계약직이 같은공간에서 똑같은 일을 하면서도 계약직이 1시간 늦게 퇴근해야 하는 고질적인 문제를 해결)

재정과 복지의 두 축—
예산결산특별위원장과 문화복지위원장의 길

2014년 7월 11일, 제7대 대구광역시의회 첫 회기에서 나는 초대 예산결산특별위원장으로 선출되었다. 처음 예산안을 마주했을 때 그 숫자 뒤엔 이미 누군가의 희망이 숨어 있었다. 그 순간 '정치인은 예산으로 말해야 한다'는 내 믿음이 본격적으로 무대 위로 올라온 느낌이었다.

"서민의 삶은 숫자가 아니라 약속"이라는 말은 단순한 수사가 아니라 예산 항목 하나 하나가 사람의 하루를 바꿀 수 있다는 각오였다. 나는 첫 회의에서 이렇게 말했다.

"예산은 곧 시민의 피와 땀이다. 서민의 삶을 위한 예산은 숫자가 아니라 약속이다."

나의 예산 철학은 명확했다. 재정건전성과 서민생활 보호, 그리고 안전한 도시 인프라 구축이었다. 당시 대구광역시는 재정자립도가 낮고, 사회복지 · 교통 · 교육예산 간 불균형이 문제로 지적되던 시기였다.

나는 '불요불급한 행사성 예산 삭감'과 '복지 · 일자리 분야의 비율 상향'을 제시하며 '예산의 끝에는 반드시 사람이 있어야 한다'는 원칙을 관철했다. 그로부터 2년 뒤인 2016년 11월 23일, 나는 문화복지위원장으로 선출되었다.

예산의 숫자를 다루던 자리에서 이제 사람의 삶과 현장을 직접 다루는 자리로 옮겨간 것이다.

문화복지위원장 시절 생활체육대축전, 노인복지시설, 장애인 복지관, 여성가족정책관실을 잇달아 방문하며 '정책은 서류가 아니라, 사람의 눈빛에서 검증되어야 한다'고 강조했다.

나는 다시 한번 정치의 무게를 맡았다. 예산이 삶의 그릇이라면, 문화와 복지는 그 안에 담긴 온기였기 때문이다. 현장 곳곳을 돌며 나는 깨달았다. 정책은 머리로 설계하는 것이 아니라, 발로 걸으며 수정하고 채워야 한다는 것을.

이 두 리더십의 축은 나의 의정 여정에서 항상 중심에 남아 있다. 2017년 11월 행정사무감사에서는 여성가족정책관 사업의 미비점을 직접 지적하며, 프로그램 운영의 투명성 확보와 성과 관리 체계 강화를 요구했다. 이후 관련 사업의 집행 효율이 개선되었다는 점은 의정자료로 확인된다. 나의 정치와 행정은 숫자가 아니라 현장 중심의 감시와 동행이었다.

▶ 사실 및 성과 근거

- 2014. 7. 11. 제7대 대구광역시의회 초대 예산결산특별위원장 선출(제226회 임시회 본회의) → 인사말에서 "소외계층·서민의 삶·지역경제·시민안전"을 예산 심사 기준으로 제시【대구광역시의회 기록】
- 2016. 11. 23. 제246회 정례회 문화복지위원장 선출【의회 회의록·보도자료】

도시의 숨을 고르게 한 예산 결정

북구 칠곡(강북) 일대는 빠르게 인구가 늘어난 대표적인 부도심이지만 장기간 동안 주거 밀도에 비해 공원·녹지·커뮤니티 공간이 부족하다는 지적이 꾸준히 제기돼 왔다.

이 가운데 구수산 일대는 산과 도심이 맞닿아 있고 인근에 구수산도서관·팔거천·도시철도 3호선 동천역 등이 위치한 전략적 요충지였다. 이후 이 지역은 민간공원조성 특례사업을 통해 공원과 주거를 결합하는 개발 방식으로 추진되었고, 대구시는 2022년부터 본격적인 공사에 착수, 공원과 연계된 주거단지가 조성되고 있다.

예산결산특별위원장으로 활동하던 시기, 구수산근린공원 조성 예산은 단순한 토목·조경 예산이 아닌, '칠곡 부도심의 생활환경과 도시경쟁력을 좌우하는 투자'로 보고 예산 심사에서 다음과 같은 원칙을 견지했다.

공원이 아파트의 '부속품'이 아니라, 도시의 공공 인프라라는 점을 강조하고 생활체육시설·보행로·어린이·시니어 공간 등 주민 누구나 누릴 수 있는 공원 기능을 우선하도록 예산을 편성하도록 노력했다.

기존 지형과 숲을 최대한 보존하면서, 도서관·문화시설·체육시설과 연계되는 복합 생활SOC로 공원을 설계할 것을 주문하면서 구수산근린공원을 단순 휴식공간이 아니라, '칠곡 부도심의 녹색 중심축이자 금호강·팔거천·도시철도와 연결되는 생활권

허브' 로 위치 짓는 방향의 예산이 집행되도록 한 것이다.

구수산 근린공원을 과학공원으로 조성하기를 주문하기도 했다. 변화와 혁신을 필요로 하는 MZ세대와 미래세대의 요구를 충족시키면서도 자연스럽게 과학을 접하고 이용하면서 과학중심의 사고와 학습효과를 배가시킬 수 있기 때문이다. 현재 AI가 모든 경제, 사회, 문화의 화두이듯이 과학과 이공계 학문과 기술의 발전이 대한민국을 대구 북구를 살찌우고 먹여살리는 원동력이 되리라는 확신이 있었다.

▶ 사실 및 성과 근거

- 2014년-2018년 구수산근린공원 조성 (예결위원장시 근린공원을위한 예산배정)예결특위 회의록(구수산근린공원 관련 예산 심사 발언)【사업계획서·도시계획 자료(공원 ·주거·생활SOC 배치도) 주민설명회·공청회 기록 및 언론보도】

도시의 기억을 거리 위에 새기다—
2·28 민주운동의 입법과 정신

2019년 3월 15일, 나는 제265회 본회의 시정질문에서 이렇게 말했다.

"도시의 품격은 경제규모가 아니라 기억의 깊이에 달려 있다."

나는 2·28 민주운동의 국가기념일 지정 취지를 근거로 명덕네 거리에서 대구역까지 이어지는 구간을 '2·28 민주로'로 명명하자고 제안했다. 또한 콘서트하우스 개명, 민주박물관 조성, 기념 조형물 설치 등을 통해 대구의 민주정신을 도심공간에 새기자는 비전을 내세웠다.

같은 해 7월 5일, 나는 「대구광역시 2·28 민주운동 기념사업 조례 전부개정조례안」을 대표발의했다.

이 조례는 기념사업위원회 신설, 시장 책무 강화, 교육·문화 프로그램 포함 등 3장 20조로 구성되어 있었다. 7월 26일 본회의에서 원안 가결되며 민주정신을 제도적으로 계승하는 법적 틀이 완성되었다.

조례는 단순한 법 문장이 아니라 역사와 시민이 만나는 정중한 약속이다. 물론, 도로명이나 시설 명명은 기관 협의와 주민 의견 수렴이 필요하다.

그러나 우선 조례가 통과되자 '기념사업위원회'가 꾸려지고 기념사업 예산이 배정되며 기념일 행사와 교육 프로그램이 정례화되는 길이 열렸다.

나는 믿는다. 기억은 도시의 밑그림이며, 정책은 그 위에 붓질을 하는 일이다.

민생현안의 공론화―
대구소년원 이전 추진

2020년 11월 30일, 제279회 정례회에서 나는 5분 자유발언을 통해 관음동(양지마을) 대구소년원 이전을 촉구했다.

"소년원은 교정시설이 아니라, 미래를 다시 배우는 학교여야 한다."

당시 법무부는 신축·이전 기초용역을 진행 중이었고, 주민들은 소음·환경·치안 문제로 장기간 불안을 호소하고 있었다. 나는 대구광역시가 법무부와의 협의에 전략적 주체로 나서야 한다고 요구했다.

가끔은 정치인이 말해야 할 것이 있다.

소음·치안·환경 문제로 고통받는 주민의 삶이 법무부와 대구
광역시의 협의 용역 앞에서 멈춰 있을 수는 없었다. 발언 이후 중
앙부처와의 협의 압박이 커졌다.

언론과 주민 여론이 뒤따랐다. 아직 완전한 이전 확정 고시는
없지만, 그 발언은 공론화의 기점이 되어 지역사회가 함께 움직
이는 계기를 만들었다.

민생현안은 속도보다 방향이다. 질의는 끝이 아니라 시작이고,
정책은 발언이 아니라 실행의 여정이다.

▶ 사실 및 성과 근거

- 2020. 11. 30. 제279회 본회의 5분 자유발언: "대구소년원
  이전 촉구"【대구광역시의회 회의록·세계타임즈 보도】
- 발언 이후 법무부 실무 검토 용역 반영, 주민 여론조사·
  청원 활동 확산【언론보도】
- 중앙·지자체 간 지속 협의 추진 중(최종 부지 확정 절차
  미완료 상태)

사람 중심의 복지행정―
현장의 눈높이에서 본 행정 개혁

나는 복지를 제도의 문제가 아니라 신뢰의 문제로 봤다. 문화복지위원장 시절에도 반복해서 말했다.

"행정이 빠른 것보다 중요한 것은 사람이 느리게라도 따라올 수 있게 하는 것이다."

나는 행정사무감사에서 여성·가족정책관실의 성과관리 미비를 지적했고, 이후 각 부서에 성과관리제도가 도입되어 복지사업의 집행 효율이 15% 향상되었다.

또한 생활체육대축전 현장에서는 "장애인과 비장애인이 함께 뛰는 체육대회"를 제안해 이듬해 대회 운영에 반영되었다.

복지행정은 거창한 예산보다 손끝의 배려로 완성된다.

또, 대구에는 기억학교라는 제도가 있다. 그것은 경증치매 어르신을 위한 낮 시간 돌봄·인지재활 프로그램을 제공하는 시설로, 「대구광역시 경증치매노인 기억학교 설치 및 운영 조례」에 근거해 운영된다. 요양등급을 받지 못한 경증 치매 어르신들이 주요 대상이며, 월~금 주5일 운영된다.

이 복지 인프라는 복지 사각지대를 메우는 장치이며 내가 추진한 복지 행정의 연장선상에 놓인 정책이다.

복지의 품질은 행정의 온도에서 결정된다. 감사와 현장이 이어질 때, 제도는 인권을 닮는다.

▶ 사실 및 성과 근거

- 2017. 11. 9. 행정사무감사: 여성가족정책관 사업 운영 미비·성과관리 미흡 지적【의회회의록】
- 2018년 관련 사업 예산 집행 및 프로그램 성과보고 개선 확인【(법제처 등록 2013년) 근거 운영】「대구광역시 경증 치매노인 기억학교 설치 및 운영 조례」
- 대구광역시 복지정보·기억학교협회에 따르면 2013년 4개소→2023년 18개소로 확대【daegu.go.kr/ memschool. or.kr】
- 기억학교는 요양등급 사각층(경도인지장애자) 대상의 전국 유일 지자체 제도

한 줄로 남기는 소회

"정치란 권력이 아니라 책임이며 기록되지 않으면 사라지는 약속이다."

나의 정치 여정은 '기록의 정치'에서 '사람의 정치'로 이어진 길이었다.

예산의 수치가 복지의 미소로, 시정질의의 문장이 정책으로, 그리고 그 정책이 오늘의 북구 시민의 삶 속에서 현실로 살아 움직이고 있다.

지금 내가 걸어온 길은 기록의 계단이었다. 회의록·조례·질의는 무기가 아니라 약속의 흔적이었다.

나는 그 흔적을 붙들고 사람이 사는 정치를 만들려 했다. 정치의 본질은 권력이 아니라 책임이며, 성공이 아니라 신뢰로 평가받아야 한다. 각 조례와 질의, 현장 방문의 의미는 결국 '정책이 삶으로 열릴 것인가'에 달려 있다.

나의 바람은 간단하다. 이 기록이 누군가의 삶에 닿고, 누구도 소외되지 않는 도시를 만드는 디딤돌이 되는 것.

정치는 완성의 경주가 아니라 삶의 곁에 오래 서 있는 약속이다.

김규학이 꿈꾸는 세상

**세상을 바꾸는 건
혁명이 아니라 연대다**

제 7 장

희망, 북구 르네상스

희망, 북구 르네상스

금호강 르네상스 2030

"자연과 도시가 함께 숨 쉬는 생태문화도시, 대구 북구"
"대구 북구, 생명과 문화가 흐르는 도시의 강을 다시 세우다"

북구의 금호강은 대구의 산업화와 민주화의 현장을 함께 했다. 1960년대 섬유산업단지의 폐수로 병든 강이었고, 1980년대에는 시민운동이 수질 복원의 출발점이 되었다.

오늘의 금호강은 생태·문화·경제의 교차점에 서 있다. 북구의 미래 비전은 '강에서 시작되는 도시, 시민이 주인인 공간'이어야 한다. 금호강은 단지 물줄기가 아니다. 그것은 대구 북구의 뿌리이자 시민의 기억이며 미래를 향한 약속이다.

한때 산업화의 상징이었고, 이제는 생명과 문화, 그리고 지속

가능한 도시의 상징이 되어야 할 시간이다.

"강은 문명의 거울이다. 우리가 강을 어떻게 대하느냐가
곧 우리의 품격이다." (반기문 前 UN 사무총장)

금호강은 이제 생태와 환경, 문화와 도시 재생의 상징이 되었
다. 나는 금호강 둔치를 걸으며 자주 생각했다. 도시의 진정한 아
름다움은 높은 건물이 아니라, 자연과 사람이 공존하는 호흡 속
에서 피어난다고.

시민들은 오랫동안 말했다.

"우리 아이가 강에서 뛰어놀 수 있는 도시를 보고 싶어요."

"강변이 다시 살아나면, 이 도시도 달라질 거예요."

이 단순한 바람은 사실 가장 근본적인 시대의 요구다.

기후위기와 도시열섬, 생태파괴와 정신적 피로의 시대 속에서
정치는 개발의 속도가 아니라 회복의 방향을 이야기해야 한다.

금호강과 낙동강의 흐름을 따라 생태 복원벨트를 구축하고 수
변공간을 예술·교육·관광이 공존하는 복합 생명축으로 전환하
는 계획을 세워야 한다.

금호강이 단지 강이 아니라 '시민의 공동체적 기억'이 될 때,
그곳에서 대구의 새로운 문화와 산업 그리고 인간의 존엄이 함
께 자라날 것이다.

이제 정치는 도로를 짓는 일이 아니라 도시의 숨을 되살리는
일이다. 금호강을 살리는 것은 곧 시민의 정신을 살리는 일이다.

이 책은 그 철학의 시작점이자, 대구 북구의 미래에 대한 약속이다.

기회의 강, 도전의 강

금호강은 북구 우곡교 지점 BOD 평균 $2.0mg/L$ 이하로 수질 2등급 수준을 유지하고 있으나, 그러나 금호강 합류부 하류구간은 유기물 증가로 인해 생태종 다양성 감소하고 있는 실정이다.

강변 보행 접근서이 낮고 수변 여가·문화시설 부족하여 공간 활용에 제한이 있고, 수상레저, 생태관광 기반도 미흡하기 때문에 시민들은 강을 '풍경'으로 보지만, '삶의 공간'으로는 인식하지 못한다는 점이 늘 지적되고 있다.

금호강 르네상스 2030은 북구 주민을 위한 쉼터이자 생활문화 공간에 대한 갈망을 해소하고 지역 경제의 선순환을 견인할 수 있는 생명, 문화, 상생의 강으로 거듭날 수 있을 것으로 기대한다.

비전 : "낙동강을 생명과 문화, 그리고 경제의 허브로 재생한다."

■ **생태복원 프로젝트 "금호강 숨결 되살리기"**

　① 금호강 합류부~칠곡 구간 7.4km 복원

　② 인공습지+자연형 제방 조성

　③ 생태관찰로 및 수질 모니터링 센터 설치

■ **문화복합벨드 "강의 기억, 시민의 무대"**

　① 수창청춘맨숀~금호강 변까지 예술 산책로 확장

　② 금호강 문화축제, 수변 야외공연장 상설화

　③ 지역 예술대학 · 청년예술가 입주 스튜디오 유치

■ **낙동강 수변레저 · 관광루트**

　① 카누 · 요트 · 수상택시 시범운행

　② 자전거도로 · 보행길 15km 연결

　③ 그린캠핑장, 글램핑존 설치

■ **금호강형 친환경 물류 허브**

　① 하중도 인근 '그린물류센터' 조성

　② 전기 · 수소 기반 소형운송시스템 구축

추진계획

연도	주요 사업	정책추진 목표 및 기대효과
2026	• 금호강 르네상스 추진단 발족 • 금호강 생태·수질 종합조사 착수 •「금호강 그린로드 기본계획」수립	• 환경현황과 오염원 정밀진단 • 하천 중심 복합개발 로드맵 수립 • 지역·시민 참여형 추진체계 마련
2027	• 생태복원(금호강 합류부 - 팔달교) • 하천변 공공녹지 및 수변공원 조성 • '금호강 클린챌린지' 운동 추진	• 생태복원 기반 완성 • 환경의식 제고 및 참여문화 확산 • 강을 중심으로 한 도심환경 개선
2028	•「금호강 수변문화벨트」조성 • 수상레저·공연·관광 연계 인프라 구축 • '금호강문화페스티벌' 정례화	• 생태+문화 융합도시 실현 • 관광매출 연 1,000억 원 창출 • 시민문화공간 확충
2029	• 친환경 교통·네트워크 구축 • 금호도시재생사업 연계 추진 • 국제 하천복원 포럼 개최	• 생태교통 기반의 도시전환 촉진 • 금호강 환경협력 모델 정립 • 국제교류 통한 지역 위상 제고
2030	• '금호강 생태문화특구' 지정 추진 • AI생태데이터 통합시스템 구축 • 관리기구 '낙동강거버넌스센터' 출범	• 제도적 지속성 확보 • 친환경 도시브랜드 완성 • 금호강 르네상스 모델 전국 확산

기대성과

구분	주요 기대성과	정책적 의미 및 파급효과
환경 효과	• 수질등급 '좋음(2등급)' 달성 • 오염원 저감률 40% 이상 • 생태 서식지 20만㎡ 복원 • 탄소흡수림 100ha 조성	• 대구권 최대 생태도시 기반 구축 • 시민생활환경 개선 및 미세먼지 저감 • 국가 온실가스 감축목표 달성에 기여
경제 효과	• 연간 관광객 300만 명 유치 • 지역소비 2,000억 원 유발 • 녹색일자리 1만 개 창출 • 민간투자 1조 원 규모 유치	• 환경을 자산화한 지속가능 경제 실현 • 관광·레저·문화 복합산업 활성화 • 지역 일자리 확충 및 청년 고용 확대
사회 효과	• 시민 참여 연 10만 명 이상 • 환경교육 200개 단체 참여 • 지역공동체 만족도 90% 달성	• 환경의식 제고와 공동체 회복 • 시민 주도형 '참여행정' 구현 • 포용형 환경복지 확립
문화 효과	• 낙동강문화페스티벌 정례화 • 수변예술마켓·음악축제 개최 • 스토리텔링 관광노선 개설	• 지역정체성과 문화자산의 융합 • 예술을 통한 도시재생 및 관광 활성화 • 대구 문화도시 브랜드 강화
기대 효과	• 환경복원 거버넌스 제도화 • 지방정부 협력체계 구축 • 낙동강 국제포럼 개최	• 정책 일관성과 지속가능성 확보 • 대구-경북 상생정책의 모델로 확산 • 지방분권형 환경정책 성공사례 정착

광역상생경제 2030

"대구 북구-구미를 잇는 협력경제권 구축"

상생의 이유와 도전

경제는 숫자가 아니다. 그래프와 통계로는 설명되지 않는 인간의 이야기다. 북구와 구미는 행정구역상 나뉘어 있지만 그 사이에는 하루에도 수천 명의 노동자, 학생, 소비자가 오간다. 실제로는 이미 하나의 생활경제권이다. 그런데 제도는 여전히 오래된 경계를 붙잡고 있고, 협력은 선언에만 머물러 있다.

지역 산업의 경계를 허물고 R&D · 인력 · 물류 · 문화가 순환하는 통합 생태계를 구축하려는 시도다. 이는 단순한 행정 협약이 아니라, 경제 민주주의의 실현이자 지역 공동체 회복의 전략이다.

북구의 상인과 구미의 기술자, 대학의 연구자와 창업가가 하나의 시장, 하나의 목표, 하나의 자부심으로 연결될 때 그것이 진정한 상생이다.

경제는 경쟁의 전쟁이 아니라 관계의 예술이며 그 예술을 완성하는 것은 정치의 책임이다. 대구 북구와 구미는 물리적 거리를 넘어 운명 공동체다. 강 하나, 도로 하나로 나뉜 채 살지만 그 속에 흐르는 삶과 산업은 이미 맞닿아 있다.

북구와 구미는 유기적 거리 공간이며 노동 이동·산업 분업·생활권 공유가 이미 일상이다. 최근 보도에 따르면, 윤재호 경북상공회의소 회장은 '구미와 대구는 경제공동체' 임을 강조하며, '구미는 먹는 물을 주고 대구는 산업지원을 해야 한다' 라는 협력 모델을 제안했다.

또한 구미 해평취수장 공동 이용, 산업 입주 확대, 직거래 유통 등 협정들이 체결되고 있으나 이행과 제도적 연계는 부족한 상태다. 나는 현장에서 이런 이야기를 자주 들었다.

"구미에서 일하고 북구에 사는데, 교통이 너무 불편해요."

"북구에서 창업하면 구미 산업단지와 연결할 방법이 없어요."

이 불편함은 단순한 불만이 아니다. 지역경제의 불균형, 산업단지의 고립, 청년 일자리의 단절을 상징하는 구조적 문제다. 지금의 시대정신은 '연결' 이다. 기술도, 자본도, 일자리도, 사람도 연결되어야 성장한다. 지역 간의 분리된 경제는 더 이상 지속될 수 없다. 북구와 구미가 '협력경제권' 으로 재탄생해야 하는 이유가 여기에 있다.

서로가 가진 시너지의 확산

구미는 중화학·전자기계 중심 공단 도시이며, 북구는 도시 기반의 교육·연구 인프라 중심 도시로 산업 구조와 경쟁력 부분에서 중복보다 보완적 협업 가능성 크다는 점은 충분한 융합 시너지를 기대할 수 있다.

특히 구미의 수자원 확보력은 대구의 안정적 상수 공급이 가능하여 수자원의 효율적 배분이 가능하고, 광역도로와 철도망 등 교통 인프라가 한층 더 확충됨으로서 산업과 주거 그리고 문화 서비스 생활 인프라의 지역 간격이 해소되고 있다.

북구 시민의 소비 패턴이 구미 상권에 긍정적 영향을 줄 수 있고, 구미 기업의 생산품 유통망이 북구 소비 시장과 맞닿게 상생 경쟁구조를 창조할 수 있다면 서로가 가진 강점을 경쟁력으로 발전시킬 수 있을 것이다.

비전: "경계를 넘는 경제공동체, 함께 번영하는 북구·구미 상생경제 축"

■ **산업 융합 허브 조성**
 ① 북구·구미 산업단지 고리 연결
 ② 기술 공유 플랫폼 운영
 ③ 실험공장 및 공동 R&D 시설 구축
■ **자원 공유 체계**
 ① 구미 상수원+북구 정수공급 연계
 ② 전력·에너지 자립망 공동 구축

③ 폐기물·재생에너지 공동 처리 시스템

■ 문화경제 공동 플랫폼

① 북구·구미 문화축제 공동 진행

② 지역 브랜드 'Daegu-Gumi 상생 브랜드' 개발

③ 공동 관광 루트 및 문화 상품 개발

■ 유통 · 소비 상생망

① 북구 소비시장과 구미 생산품 직거래 시스템

② 지역상품권 상호 사용 확대

③ 전자상거래 물류 협력체계

■ 시민경제 상생 프로젝트

① 상생일자리 프로그램 공동 운영

② 경제교육 및 창업 멘토링 협력

③ 민간기업 CSR과 연계한 상생펀드

추진계획

연도	주요 사업	정책추진 목표 및 기대효과
2026	• 대구 - 구미 상생경제 포럼 출범 • 공동연구단 및 산업통합 TF 구성 • 상생교통 · 물류 네트워크 기초조사	• 협력의 공통의제 발굴 • 기업·대학·지자체 간 협력 틀 마련 • 산업기반 교류 제도적 발판 조성
2027	• 공동산업벨트 시범구간 지정 • 상생물류거점 및 혁신캠퍼스 설립 • 지역청년교류·인턴십 프로젝트 운영	• 산업 간 경계 해소 • 청년인재의 지역 순환고용 확대 • 산학연 협력의 연결망 구축
2028	• 「북구 - 구미 산업클러스터」 운영 • 중소기업 상생펀드 및 R&D 지원 • 공동 일자리 · 창업허브 플랫폼 개소	• 공동 고용시장 조성 • 혁신 스타트업의 정착률 향상 • 지역산업 자립기반 확립
2029	• 상생특구 지정 추진 • 지역공동체형 복지 · 문화사업 병행 • 북구 - 구미 통합 브랜드 론칭	• 산업·문화의 통합 브랜드 구축 • 시민 공동체 정체성 확립 • 지속가능한 상생 시스템 제도화
2030	• '대구 - 구미 상생경제특구' 출범 • 디지털 상생거버넌스센터 설립 • 국제협력 · 투자유치 포럼 개최	• 세계적 지역상생 모델 완성 • 국내외 기업·기관의 투자 확대 • 지속가능한 경제자립도시 달성

기대성과

구분	주요 기대성과	정책적 의미 및 파급효과
경제 효과	• 지역총생산(GRDP) 1.5배 성장 • 지역고용률 75% 달성 • 공동 산업벨트 투자유치 3조 원 • 연간 생산유발효과 5조 원	• 산업 집중의 불균형 완화 • 제조-IT-서비스 연계 산업구조 확립 • 지역경제의 독립성과 회복력 강화
사회 효과	• 청년 정착률 65% 이상 • 인구 순유입 전환(+1만 명) • 공동생활권 인프라 확충 • 지역행복지수 15% 상승	• 불균형 해소 및 청년 유출 방지 • 사회통합형 경제발전 모델 구축 • 주민 체감형 복지 · 생활환경 향상
교육 인재 효과	• 북구 - 구미 산학연 캠퍼스 설립 • 청년 취업연계 1만 명 이상 • 창업 및 R&D 실습센터 운영	• 교육-산업-고용 순환형 생태계 구축 • 지역청년이 남고 싶어 하는 도시 조성 • 인재 유출 억제와 기술자립 기반 강화
문화 도시 효과	• 공동 문화행사·축제 연례화 • 상생마켓·예술교류 플랫폼 운영 • '문화가 있는 산업벨트' 조성	• 산업과 예술의 융합을 통한 활력 증진 • 시민 교류와 정체성 강화 • 문화산업 활성화 지역경제 다양화
행정 정치 효과	• 대구 -구미 상생거버넌스 상설화 • 지자체 간 공동정책 추진 • 정부 협력·지원사업 확대	• 지방정부 간 협치 모델 완성 • 분권형 지역정책의 모범사례 정립 • 시민 중심의 민주적 행정문화 확산

문화예술 플랫폼 2030

"대구 북구, 예술로 숨 쉬는 도시 — 문화가 일상이 되는 미래"

문화는 도시의 심장이다

문화는 도시의 온도이며 예술은 시민의 언어다. 공장 굴뚝이 도시를 세웠던 시대가 끝나고 지금은 예술이 도시를 다시 일으킨다. 대구 북구는 산업의 도시를 넘어 감성의 도시로, 생산의 공간을 넘어 창조의 무대로 나아가야 한다.

도시는 건물로 세워지지만 문화로 기억된다. 정치는 제도를 세우지만 예술은 그 제도에 생명을 불어넣는다.

그러나 대구 북구의 시민들은 오래전부터 이렇게 말해왔다.

"문화시설은 멀고, 공연 한 번 보려면 차를 타야 해요."

"우리 동네에는 예술 프로그램이 거의 없어요."

이 목소리들은 소외의 증언이자 새로운 문화를 요구하는 시대의 언어다. 지금의 시대정신은 '회복과 감성'이다.

산업도시의 피로, 경쟁의 과열, 디지털의 냉기를 넘어 사람들은 이제 감정이 통하는 공간을 찾고 있다. 문화는 그 공백을 채우는 유일한 해답이다.

북구는 산업의 도시였지만 이제 예술의 도시로 변해야 한다. 빈 공간을 문화공간으로 바꾸고, 예술가와 시민을 연결하며, 사회적 약자가 예술을 통해 치유되고 참여할 수 있는 시스템을 만드는 것이다.

특히 이 책을 통해 제안하는 '동행이룸센터'는 내가 정치인으로 20여년 간 이웃과 함께 겪은 숨결과 애환 그리고 모두가 함께 행복한 삶을 바라는 목소리를 담은 정책으로 자리매김 하고 싶다.

'동행이룸센터'는 예술과 복지를 결합한 혁신적 모델로서, 예술치유·심리예술·다문화 예술복지를 통합하는 상징이 될 것이다. 이것은 단순한 정책이 아니라, "사람의 존엄이 예술로 회복되는 정치"의 실험이다. 예술은 사치를 위한 것이 아니라 인간이 인간으로 존재하기 위한 권리다.

문화도시 북구의 현재

북구는 대구의 관문이자 교통·교육의 중심지이지만, 문화 인프라는 도심에 비해 현저히 부족하다. 2024년 기준 공공문화시설 수는 대구 전체의 12% 수준이며, 지역 내 공연장·전시공간은 대부분 교육기관 또는 종교시설에 편중되어 있다.

그러나 젊은 예술가와 청년 창업자들의 활동이 활발하고, 금호강·팔거천 등 자연친화적 공간이 많아 문화재생의 잠재력은 매우 높다. 이제 우리가 나서야 할 때임을 깨닫고 한 걸음 내딛기를 기대한다.

비전: "사람과 예술이 공존하는 창의도시, 북구"

■ 문화생활예술 기반 도시재생 「Art & Life 프로젝트」

① 폐공장·빈 건물·공공유휴지를 리모델링해 예술창작소, 지역뮤지엄, 실험무대로 전환

② '북구 문화재생벨트' 구축 (칠곡중앙~팔거천~금호강 수변까지 확장)

■ 시민참여형 통합축제 「Festival for All - 북구 다채움 페스티벌」

① '북구 예술인 레지던시' 신설: 창작공간·전시공간·생활지원 제공

② 주민이 참여하는 '생활예술 협동조합' 운영: 밴드, 연극, 도자, 회화 등 시민동아리 지원

■ 문화콘텐츠 산업벨트 구축

① AI·XR 기술을 활용한 '메타아트센터' 설립

② 지역 대학·스타트업과 연계해 VR콘텐츠, K-POP 영상 제작 허브로 육성

■ 동행이룸복합센터 설립

① '동행이룸 문화센터' 설립: 장애인·어르신·청년이 함께하는 문화복합공간

② 문화예술치유 프로그램, 심리예술학교, 기억예술 프로젝트 운영

■ 글로벌 교류사업

① 일본 사가현, 필리핀 사마르대학교, 유럽 문화도시들
과 자매결연 추진

② 북구 글로벌 청소년예술캠프, 해외 순회전시, 국제문
화포럼 개최

③ 국제예술인 레지던시 교류로 지역 창작자 해외진출
기반 마련

추진계획

연도	주요 사업	정책추진 목표 및 기대효과
2026	• 문화예술 플랫폼 추진단 발족 • 문화복합공간 기본계획 수립 • '동행이룸센터' 설계 및 예산 확보	• 북구 문화거버넌스 정립 • 예술·복지 통합플랫폼 기반 구축 • 시민참여형 문화정책 공론장 형성
2027	• '북구 문화예술창작허브' 조성 • 청년예술인 창작지원 프로그램 운영 • 지역예술인 고용안정 펀드 시행	• 청년예술인 창업·창작 기반 강화 • 지역고용시장 내 문화일자리 창출 • 예술인의 지속가능 생태계 조성
2028	• 북구 전역 문화예술 네트워크 구축 • K-POP·공연예술 국제교류사업 추진 • 장애인·노년층 문화 프로그램 확대	• 사회적 약자와의 문화동행 실현 • 문화브랜드 '북구문화2030+' 확립 • 시민문화참여율 50% 달성
2029	• 문화산업 클러스터 구축 • '동행이룸센터' 3개 권역 확대 운영 • 북구국제문화예술페스티벌 정례화	• 문화와 경제의 선순환 구조 형성 • 복지·예술·산업 연계형 도시 완성 • 관광객 유입 100만 명 돌파
2030	• '대구 북구 문화특구' 제도화 추진 • 글로벌 예술대학·기관과 협력 구축 • 디지털예술·AI콘텐츠·XR 공연 산업화	• 첨단문화산업 기반 확립 • 청년예술인의 글로벌 진출 지원 • '문화로 먹고사는 도시' 실현

기대성과

구분	주요 기대성과	정책적 의미 및 파급효과
문화 예술 효과	• 문화예술인 일자리 5,000개 창출 • 지역 예술단체 300개 육성 • 문화행사 연 500회 개최	• 예술이 일상이 되는 도시로 전환 • 지역 예술인 소득기반 강화 • 지속 가능한 창작 생태계 조성 • 생활·공연·디지털예술의 통합
사회 복지 효과	• '문화동행 프로그램' 10만 명 참여 • 장애·노인·다문화 가정 맞춤형 교육 • '동행이룸센터' 연 2만 명 이용	• 문화복지의 제도화 실현 • 사회통합 및 정서적 회복력 강화 • 포용적 공동체 '예술도시' 실현
경제 효과	• 문화관광 소비 연 3,000억 원 규모 • 지역 콘텐츠기업 200개 유치 • 문화산업 고용률 20% 증가 • 민간투자 1조 원 유발	• 문화산업의 새로운 성장 동력 • 예술과 창업·관광 창조경제 실현 • 지역 내 관광경제 활성화
교육 효과	• 청소년·청년 예술창업 500건 지원 • 문화예술교육센터 20개 운영	• 예술을 통한 감성교육·창의교육 • 문화 중심의 미래인재 육성 • 세대 간 문화감수성 격차 완화
행정 정책 효과	• '대구 북구 문화도시 조례' 제정 • 공공·민간 협력 문화거버넌스 구축 • 문화예산 연 1,000억 원 규모 확대	• '협치의 문화행정'으로 전환 • 지방분권형 문화정책 모델 확산
글로벌 도시브랜드 효과	• '북구 국제예술포럼' 정례화 • 해외 문화도시 교류협약 10건 체결	• K-콘텐츠 중심지로 성장 • 문화외교 및 국제교류 확산

미래과학경제 2030

"과학과 혁신으로 지속가능한 산업생태계 구축"
"기술의 도시에서 인간의 도시로, 혁신의 온도를 높이다"

기술은 인간을 위한 혁명이어야 한다

대구 북구는 산업화의 심장으로 대한민국 근대경제의 동력을 이끌었다. 그러나 산업의 패러다임이 4차 산업혁명으로 전환되며, 더 이상 과거의 방식으로는 미래를 설명할 수 없다.

AI, 로봇, 바이오, 그린테크, 디지털 행정이 산업과 복지를 동시에 재편하는 지금, '사람 중심의 기술도시'로 전환하지 않으면 도시는 낙후되고 시민은 기회를 잃는다.

이 정책은 단순한 기술 정책이 아니라 인간의 존엄을 지키는 과학경제의 철학적 비전이다. 기술이 인간을 대체하는 것이 아니라 인간의 가능성을 확장하는 수단이 되어야 한다는 믿음에서 출발한다.

북구의 산업 지형은 이미 새로운 도약의 조건을 갖추고 있다. 제3공단과 염색공단, 검단공단 그리고 경북대학교와 영진전문대학교, 대구과학대학교 등은 서로 다른 잠재력을 하나로 엮어낼 수 있는 혁신 생태계의 씨앗이다.

이제 필요한 것은 기술과 행정, 산업과 시민의 협력 구조를 하나의 통합 전략으로 세워 "과학이 복지를 이끌고, 기술이 사람을 이롭게 하는 도시"를 만드는 일이다.

기술은 도구가 아니라 철학이다. 우리가 로봇과 AI를 개발하는 이유는 더 빨리 움직이기 위해서가 아니라 더 나은 인간의 삶을 만들기 위해서다. 그러나 지금의 기술 발전은 종종 사람을 소외 시킨다.

"AI가 일자리를 빼앗을까봐 두렵다."

"우리 지역엔 이런 기술 산업이 들어오지 않는다."

이것은 단순한 불안이 아니라, 시민이 기술로부터 소외되고 있 다는 사회적 신호다.

기술의 혁신이 아니라 인간의 존엄을 중심에 둔 혁신, 대기업 중심이 아닌 지역 중심의 기술 생태계 구축. 청년이 떠나지 않고 기술을 배우며 창업할 수 있는 지역경제, 이것이 바로 새로운 시 대의 과학경제 모델이다.

북구는 그 출발점이 될 수 있다. 산학연 협력, R&D 허브, 청년 기술창업, 그리고 산업재교육과 스마트 인프라가 결합하면 '사 람이 중심인 기술도시'가 가능하다.

정치의 역할은 기술을 인간의 언어로 번역하는 것이다. 기술이 인간을 지배하는 시대에서, 인간이 기술을 통해 더 자유로워지 는 시대를 여는 것. 이제 북구가 그 미래를 실험할 차례다.

비전: 사람을 위한 디지털 행정

■ AI·로봇·바이오 융합 클러스터 조성
① 대구테크노폴리스를 중심으로 AI·로봇·바이오 융합 단지 조성
② R&D센터·창업 인큐베이터·산학연 공동연구소를 설립

■ 스마트 산업단지 리모델링 프로젝트
① 노후산단(칠곡·금호)을 친환경·스마트산단으로 전환
② 디지털 트윈 기반 관리체계 도입
③ 에너지 절감형 설비 및 자동화 공정 지원
④ 친환경 인증제 도입 및 기업 세제 인센티브

■ 미래기술 창업허브 「북구 이노베이션 스퀘어」 설립
① 청년과 연구자가 함께 성장하는 융합 창업 생태계 구축
② 3D프린팅·AI모델링·데이터분석 인프라 제공
③ R&D 시제품 제작 → 투자연계 → 글로벌 전시회 참가 까지 원스톱 지원

■ 과학기술 인재 순환 생태계
① 초·중·고 → 대학 → 산업체로 이어지는 기술인재 순 환모델 구축
② 「STEAM 창의과학학교」 설립, 학생 중심 실험·탐 구 교육
③ 지역대학 실무트랙 연계 + 산업체 현장실습 의무화
④ 청년과학인 R&D 프로젝트·창업 멘토링 지원

추진계획

연도	주요 사업	정책추진 목표 및 기대효과
2026	• 과학경제 추진단 발족 • 북구-대구-경북 기술 컨소시엄 구성 • AI·로봇·바이오 융합기술 기초조사	• 지역 혁신정책의 기반 마련 • 관·학·산 연계 구조 형성 • 기술자문 및 투자 연계 채널 구축
2027	• 스마트산단 리모델링 사업 착수 • 「북구 이노베이션 스퀘어」 건립 • 기술인재 양성 MOU(대학·기업) 체결	• 청년·기술 인재 유입 증가 • 창업 생태계 조성 • 지역 일자리 5,000 개 창출
2028	• 과학기술 교육·산업 연계 시스템 구축 • 산학연 협력 클러스터 완성 • 글로벌 연구교류 네트워크 형성	• 연구개발 투자 활성화 • R&D 클러스터 완성 • 첨단 기술수출 산업기반 형성
2029	• '휴먼테크 시티 북구' 선언 • 시민참여형 기술포럼 및 박람회 개최 • 기술기반 복지행정 전국 확산	• 기술도시 브랜드 정착 • 시민과학·참여과학 활성화 • 복지형 기술혁신 확산
2030	• 글로벌 기술혁신 허브 지정 추진 • 국제과학포럼 유치 • 지속가능 혁신거버넌스 상설화	• 대구·북구의 세계적 위상 강화 • 지역기술자립률 70% 달성 • 지속가능한 혁신 생태계 완성

기대성과

구분	주요 기대성과	정책적 의미 및 파급효과
경제 효과	• 북구 GRDP 연평균 8% 성장 • 첨단산업 신규 고용 2만 명 창출 • 기술창업 1,500개 이상 육성 • 지역 내 기술투자액 연간 2조 원 달성	• 기술·창조경제로 구조 전환 • 중소·스타트업 산업분권 실현 • 일자리가 상존하는 기업 성장
사회 효과	• 기술인재 지역정착률 60% 달성 • 청년·노년 간 디지털 격차 70% 해소 • 복지 사각지대 자동 탐지율 90% 이상 • 시민 디지털 역량교육 연 2만 명 참여	• 사회적 약자에 대한 접근성 강화 • '포용적 과학도시' 신뢰도 제고
교육 효과	• STEAM형 과학인재 양성학교 운영 • 산학연 연계형 실무트랙 제도화 • 지역대학-기업 공동연구 300건 이상 • 청년R&D 리더십 육성 프로그램 운영	• 지역 기술인재 양성 선순환 구조 • 청년 혁신 인력의 자생적 공급 • 교육과 산업의 통합 모델 확산
환경 효과	• 스마트산단 에너지 효율 30% 향상 • 산업부문 탄소배출 35% 감축 • 친환경 인증기업 200개 달성 • 재생에너지 기반 공공시설 확대	• '녹색성장 도시' 실현 • 에너지 자립모델 완성 • 탄소중립 거버넌스 구축
정치 행정 효과	• 시민참여형 기술혁신위원회 상설화 • 오픈데이터 행정 플랫폼 구축 • AI 기반 행정 효율성 2배 향상 • 대구형 '휴먼테크 시티' 모델 확산	• 행정의 투명성과 신뢰 제고 • 기술 기반의 정책 의사결정 혁신

김규학이 꿈꾸는 세상

세상을 바꾸는 건
혁명이 아니라 연대다

제8장

북구대혁신 10대 정책

북구대혁신 10대 정책

대구 북구의 미래는 단순한 산업도시가 아니다.
이곳은 기술이 사람을 살리고, 데이터가 공동체를 연결하며,
혁신이 복지를 실현하는 도시가 될 것이다.
2030년, 북구는 대한민국의 "Human-Tech City",
즉, 인간의 존엄을 품은 과학경제 도시로 세계에 서게 될 것이다.

1. 도청 후적지 혁신: 도심융합특구+캠퍼스타운 연계 마스터플랜

도청 후적지를 '주거 · 업무 · 교육 · 문화' 가 한데 어우러진 도심 융합특구(특별법 근거)로 지정하고, 북구청 이전 · 경북대 북문 일대 지하화 · 엑스코선(도시철도 4호선) 연계로 보행 중심의 초 연결 혁신지구 조성

도시에는 누구에게도 말하지 못하는 상실의 기억이 있다. 도청이 떠난 그날부터 북구는 중심을 잃은 도시가 아니라 "축을 잃은 도시"가 되었다. 축을 잃은 도시는 개발이 느린 것이 아니라 방향을 잃는다. 하지만 역사는 증명한다. 버려진 자리에서 다시 태어난 도시가 가장 강한 도시가 된다는 것을.

도청 후적지는 단순한 부지가 아니다. 도시 구조, 도시 철학, 도시 미래를 통째로 교체할 수 있는 '북구 100년의 심장부'다. 오늘의 정책은 단지 도로를 내고, 건물을 짓는 일이 아니다.

이 정책은 청년이 정착하고 대학과 산업이 연결되고 교통이 하나로 이어지는 미래도심의 모델을 북구에 심는 일이다.

경북대 북문 지하화, 북구청 신청사 이전, 엑스코선 연계는 서로 따로 움직이는 것이 아니라, 북구의 도시 생태계를 '하나의 도시'로 재구축하는 전략이다.

시민이 묻는다.

"왜 지금 해야 하나?"

그 이유는 명확하다. 지금이 아니면 20년을 다시 기다려야 하기 때문이다. 미래의 도시는 빠른 도시가 아니라 연결된 도시가 이긴다.

나는 도청 후적지가 '북구 시민의 자부심이 다시 태어나는 자리'가 되도록 만들겠다. 도시는 한때의 영광과 한때의 쇠퇴가 공존하는 생물과도 같다. 도청이 떠난 자리 역시 마찬가지다. 사람이 떠난 땅은 금방 낡아가지만 그 자리에 누가, 어떤 꿈을 다시 채우는가에 따라 미래의 도시가 결정된다. 버려진 땅은 없고, 버린 사람이 있을 뿐이다.

정치는 그 버려진 자리에서 다시 삶의 불씨를 되살리는 일이다. 이제 북구는 도청 후적지를 청년·기업·주민이 함께 뛰는 도심융합특구로 되살려야 한다. 지하화된 도로 위로 보행자가 걷고, 캠퍼스와 공공청사가 연결되고, 철도와 일자리가 손을 잡는 도시. 미래는 준비하는 자가 아니라, 붙잡는 자의 것이다.

나는 이 후적지를 단순한 개발이 아닌 "북구 100년 도시 구조를 바꾸는 혁신"으로 만들고자 한다.

도청 후적지는 경북대학교 생활권과 북구 중심축이 접합되는 전략 거점으로서 주거·업무·교육·문화 기능의 복합화를 통해 혁신지구로 전환될 잠재력이 충분하다.

「도심융합특구 조성 및 육성에 관한 특별법」의 틀 내에서 특구 지정을 추진하고, 특구 기본계획(창업·R&D·주거·생활SOC)을 수립한 뒤, 북구청 신청사 이전과 경북대 북 문축 지하화 및 상부 보행광장 조성, 도시철도 4호선(엑스코선) 환승 통합을 단계적으로 이행하는 것이 핵심 전략이다.

주요 사업으로는 (1) 특구 기본계획 수립(R&D·창업·주거·생활SOC), (2) 북구청 신청사 이전과 통합민원·청년원스톱센터, (3) 경북대 북문 축 지하화+상부 보행광장, (4) 엑스코선 정류장 신설/환승 통로 확보 등이다.

이 사업의 필요성은 첫째, 청년층의 정주와 일자리·주거·문화 수요가 한 지점에서 통합적으로 충족되는 도심형 혁신거점에 대한 주민 요구가 매우 높다는 점에 있다. 둘째, 대학 인접지의 보행 중심 재편과 환승 편의 증진은 지역 내 통행 효율을 높여 생활권 만족도를 개선하며, 셋째, 지식서비스·ICT·문화콘텐츠 등 신성장 부문을 촉발해 지역경제의 질적 전환을 유도한다. 넷째, 경북대·엑스코·금호강 축을 초연결하는 공간 구조는 북구를 청년·연구·창업 인재의 정착거점으로 격상시켜 도시경쟁력을 체계적으로 강화한다.

2. 도시철도 4호선(엑스코선): 경북대학교 - 엑스코 - 금호워터폴리스 - 연경 초연결 모노레인(경전철)

엑스코선(도시철도 4호선)을 경북대·엑스코·금호워터폴리스·이시아폴리스·연경지구 그리고 칠곡경대병원까지 관통하는 MICE·산업·주거 축의 골격으로 추진

도시는 도로 위에서 살아 움직이는 거대한 생명체다. 사람은 시간을 통해 삶을 만들고, 도시는 교통을 통해 그 시간을 시민들에게 되돌려준다. 출퇴근 20분을 단축하면, 그 20분은 단순한 시간이 아니라 가정의 행복, 아이와의 시간, 건강, 배움, 재도전의 기회가 된다.

교통정의란 그런 것이다. 길이 없는 곳에 기회를 만들고, 편리함이 뒤처진 삶을 앞당기고 사람의 시간이 존중되는 도시를 만드는 것. 엑스코선은 경북대학교, 엑스코, 금호워터폴리스, 이시아폴리스, 연경지구 그리고 칠곡경대병원을 관통하는 생활권을 하나의 도시로 묶는 북구의 대동맥이다.

지방도시는 교통망 하나로 성장의 궤도가 달라진다. 대전의 KTX 개통이 그랬고, 인천의 송도 신도시가 그랬다. 엑스코선은 단순한 도시철도가 아니다. 이것은 북구 시민의 삶에 대한 투자이며, 도시의 미래경쟁력 확보 전략이다.

엑스코선이 완성되면 북구의 삶은 단지 편리해지는 것이 아니라 완전히 새로워진다. 사람들의 하루는 출퇴근 시간에 의해 규정된다. 한 번 떠나는 버스를 잡기 위해 뛰던 청년, 환승지옥을 버티며 야근을 마치고 돌아오던 노동자. 교통은 단순한 이동이 아니라 삶의 가능성이다.

그래서 교통 불평등은 가장 잔인한 종류의 불평등이다. 길이 없으면 기회도 없다. 엑스코선 연장은 단순한 선(線)의 연결이 아니다. 이것은 계층·지역·시간의 장벽을 허무는 인권 정책이다.

학생은 더 빨리 학교에 가고, 근로자는 더 편하게 직장에 도달하고, 도시는 더 넓게 호흡한다. 나는 교통을 복지가 아니라, 존엄의 문제로 생각한다. 지하철 한 줄이 사람들의 인생을 바꾼다면 그것 하나만으로도 충분히 해야 할 일이다.

엑스코선은 경대·엑스코·연경·칠곡경대병원을 관통하는 MICE·산업·주거 축을 형성하는 핵심 도시철도 인프라로 추진

되며, 노선별 환승 동선을 1·2·3호선 및 광역철도(대경선)와 일체화하고 역세권 내 청년창업·공공임대·환승센터를 복합 배치하는 전략을 취한다.

주요사업으로는 정거장 주변 활성화를 위해 역세권 복합개발(청년창업+공공임대)과 경대·엑스코 직결 보행데크를 개발하고, 1·2·3호선 및 광역철도(대경선) 연계하여 환승동선을 일체화한다.

필요성 측면에서, 첫째, 경대 - 엑스코 - 연경 축의 이동시간 단축은 주민의 일상 교통비용을 감소시키고 행사·산업 수요의 접근성을 개선한다. 둘째, 철도중심개발(TOD)형 역세권 재편은 도심 압축도와 이용 효율을 높여 상업·주거·창업의 선순환을 유발한다. 셋째, MICE 수요와 산업지대 출퇴근 수요를 흡수함으로써 지역 내 탄소배출 저감 및 교통 외부비용 절감에 기여하고, 넷째, 광역 연계성 향상은 정주 매력과 기업 입지경쟁력을 동시에 끌어올린다.

3. 금호강 금호워터프런트:
하중도 - 국가정원 - 수상스포츠 삼각벨트

**하중도·합류부를 축으로 국가정원(산림청 제도) 유치, 태복원
+ 수변공원 + 수상레저로 생활형 수변도시 완성**

도시가 숨을 쉬는 방식에는 두 가지가 있다. 하나는 공기, 다른 하나는 자연의 품이다. 금호강은 북구가 잃어버린 자연의 심장이다. 하중도는 사람과 자연이 다시 만날 수 있는 마지막 보석 같은 공간이다. 도시는 자연을 빼앗으면 병들고 자연을 회복하면 건강해진다.

국가정원이 중요한 이유도 여기에 있다. 국가정원은 공원 이상의 의미다. 생태 회복, 도시 경쟁력, 관광 활성화, 시민 정서 회복, 이 모두를 동시에 만들어내는 정책이기 때문이다.

대구의 미래는 "뜨거운 도시"가 아니라 자연과 도시가 공존하는 도시여야 한다. 금호강 워터프런트는 자연의 품에서 시민이 휴식하고 관광객은 머물고 청년은 문화행사를 만들고 환경과 경제가 함께 살아나는 공간이다.

금호강은 이미 시민 여가 1순위 공간으로 재부상했다. 금호강은 단지 강이 아니다. 북구의 미래를 다시 적어 내려갈 새로운 첫 문장이다. 금호강은 북구가 가진 가장 아름다운 유산이며 이 강이 다시 살아나는 날 도시는 새로운 표정을 갖게 된다.

하중도에 피어난 억새처럼 사람들의 마음도 자연의 품에서 다시 자란다. 국가정원은 단지 공원을 더 만드는 사업이 아니다.

나는 금호강이 산책하는 부모의 손, 뛰노는 아이의 미래, 일터로 향하는 청년의 발걸음을 모두 품는 북구의 새로운 중심축이 되길 바란다.

금호강 축은 하중도와 합류부를 중심으로 국가정원 유치, 생태복원, 생활형 친수공간, 수상레저를 결합한 삼각벨트 모델로 계획된다.

주요 사업은 국가정원 타당성·지정 추진과 보행·자전거 메인축과 친환경 수상교통(전기수상택시) 도입 그리고 야외공연·로컬마켓 활성화 등이며, 향후 보전구역/이용구역 이원화 및 계절별 수질·용수 모니터링을 제도화한다.

국가정원, 산책로·자전거·전기수상택시 운영 친환경 야외공연·마켓 상설화를 통한해 문화산업과 경제 융합권 구축이 가능할 것이다.

이 사업이 필요한 이유는 첫째, 도심 인접 자연자산을 생활형 여가·관광·문화경제 거점으로 전환하여 체류형 소비와 녹색일자리를 창출하기 때문이다. 둘째, 시민의 건강·복지·커뮤니티 결속을 강화하는 보편적 공공재로서 수변공간의 가치가 커지고 있으며, 셋째, 국가정원 지정은 도시브랜드 고도화와 생태관광의 국제적 기준을 충족시켜 대구 북구의 이미지 혁신을 가속한다. 넷째, 친수 인프라의 지속가능한 이용·보전 체계는 환경·경제·사회 지표를 종합적으로 개선한다.

4. 의료산업 - 연구소 - 도시: 경북대 칠곡병원 중심 정밀의료 클러스터

칠곡경북대병원(대구 북구)과 연계한 암·고령친화·희귀질환 중심의 임상-연구-창업 메디컬 밸리

도시는 구성원 중 가장 아픈 사람이 가장 편하게 살 수 있을 때 비로소 건강한 도시다. 칠곡경북대병원은 북구가 가진 가장 강력한 공공 자산이다. 그 존재만으로도 북구는 이미 대한민국 의료지도의 중요한 점 하나를 차지하고 있다.

정밀의료 클러스터는 이 강점을 연구, 임상, 디지털헬스, 바이오산업 등으로 확장하는 프로젝트다.

건강 수명이 늘어나는 사회에서 의료는 산업이자 복지이자 지역경쟁력 그 자체다.

바이오·의료기기 산업 클러스터는 환자에게는 희망, 기업에게는 기회, 도시에게는 미래를 준다.

나는 북구를 "아픈 사람이 늦게 발견되는 도시"가 아니라 먼저 발견되고 먼저 회복되는 도시로 만들고자 한다.

병원을 가는 길이 멀고, 치료받을 기회가 적고, 대기 시간만이 늘어가는 도시라면 그 도시는 이미 병들어 있는 것이다. 칠곡경북대병원은 북구가 가진 가장 큰 힘이며, 정밀의료 클러스터는 그 힘을 연구-치료-산업으로 확장하는 미래 전략이다.

질병을 늦게 발견하는 사회가 아니라 먼저 발견하고 먼저 치료하는 사회, 재정 부담 때문에 포기하는 치료가 없는 사회, 의료가 산업을 넘어 지역의 건강 수명을 끌어올리는 사회. 나는 의료를 비용이 아닌 사람의 기본권으로 바라본다.

그래서 북구의 모든 시민이 더 오래, 더 건강하게, 더 인간답게 살 수 있는 의료도시를 만들고자 한다.

칠곡경북대병원의 권역 거점기능을 중심으로 임상-연구-창업을 일괄 연계하는 정밀의료 클러스터를 구축하는 것이다.

주요사업으로는 바이오의료 R&D 허브 조성, 병원-대학-기업 공동 IRB 패스트트랙, 디지털헬스 실증(원격모니터링·실버케어) 도입, 벤처투자와 지역 혁신펀드 연계를 통해 기술사업화 생태계를 형성한다. 의료데이터 윤리·보안 표준 확립, 시민 건강포럼 및 예방캠페인 정례화로 공공성과 수용성을 제고한다.

필요성은 첫째, 고령화 심화에 대응하여 고급 의료 접근성과 건강수명 향상이 지역 삶의 질을 좌우한다는 점이다. 둘째, 바이오·의료기기·디지털헬스 융합은 고부가가치 일자리와 내생적 성장을 촉진한다. 셋째, 병원-대학-도심의 압축적 입지는 임상-실증-사업화의 시간·비용을 절감해 기업의 성장을 가속하며, 넷째, 윤리·데이터 거버넌스 정립은 혁신과 신뢰의 균형을 달성하는 핵심 전제이다.

5. 50사단 후적지:
첨단산업-교육-연구 통합 "캠퍼스형 산업단지"

군부지 이전 후 교육(폴리텍/마이스터) · 연구(기업R&D) · 생산 (스마트팩토리)가 한 부지에서 순환하는 캠퍼스형 단지로 전환

군부대는 도시 한복판에 놓인 가장 거대한 금지구역이었다. 그 경계는 단지 철조망이 아니라 미래를 가로막는 상징이기도 했다. 그러나 역설적이게도 군부대 후적지는 도시가 가장 빠르게 성장할 수 있는 공간이다. 서울 용산, 부산 센텀시티가 그랬다. 50사단 후적지는 북구가 미래 산업혁신을 시작할 수 있는 전국에서 가장 준비된 개발 포인트다.

나는 이 땅을 도시의 땅이 아닌 청년의 땅으로 되돌리겠다. 도시의 미래는 공장에서 나오는 것이 아니라 교육 · 기술 · 사람에게서 나온다는 사실을 증명하고 싶다. 50사단이 떠난 자리는 청년들이 꿈을 만들고, 기업이 기술을 시험하고, 대학이 연구를 확장할 수 있는 첨단 산업교육도시가 될 것이다. 어떤 땅이든 사람이 다시 의미를 부여하는 순간 그 땅은 다시 태어난다.

군부지 이전 지역을 반도체 소재 · 모빌리티 · 의료기기 중심의 전략 구역으로 지정하고, 산학합숙 실습캠퍼스, 개방형 시제품 랩 · 테크숍, 스마트팩토리 파일럿 라인을 결합한 대구 최초 "캠퍼스형 산업단지"로 전환한다.

국가 도시·산단 특별회계와 산업부 공모, 민간투자를 복합하고, 완충녹지·전용차로로 환경·교통 부담을 완화한다. 인근 주민 채용가점과 취업페어·현장설명회를 제도화하여 고용 연계를 강화한다.

사업 필요성은 첫째, "생활권에서 배우고 취업하는" 통합형 인재양성 체계에 대한 주민 수요가 매우 높다는 데 있다. 둘째, 지역 주력 제조업의 고도화·리쇼어링 흐름과 연계하여 R&D-양산의 지역 내 가치사슬을 구축할 필요가 크다. 셋째, 신공항·엑스코선 축과 연동되는 단지 구조는 물류·인재 이동의 효율을 증대시키며, 넷째, 친환경·저소음 설계는 산업입지의 사회적 수용성을 담보한다.

6. 대구신공항(군위·의성) 관문도시 전략: 교통·숙박·문화 원스톱 허브

신공항 개항과 보조를 맞춰 북구의 '첫 관문' 역할 강화 - 공항 접근 교통망, 환대·숙박, MICE·쇼핑·관광 연계

공항은 단순한 교통시설이 아니다. 공항은 도시의 첫인상이며, 또 다른 세계로 향하는 관문이다. 대구신공항은 북구에게 새로운 운명을 가져올 기회다.

사람은 길이 열리면 새로운 생각을 하고 도시는 하늘이 열리면 새로운 산업을 가진다. 관문도시는 환대의 도시다. 낯선 이에게 편안함을 주는 도시, 머물고 싶게 만드는 도시, 다시 찾고 싶은 도시. 나는 북구가 대구신공항의 진짜 관문이 되길 바란다.

도시는 바다와 강을 따라 성장하던 시대를 지나 이제는 '하늘길'을 따라 성장하는 시대에 들어섰다. 대구신공항은 북구에게 거대한 기회이자 도전이다.

이 공항은 단순한 비행장의 의미를 넘어서 북구를 대한민국 남부의 국제관문으로 만들 수 있는 전략적 자산이다.

관문도시는 교통, 숙박, MICE, 문화, 쇼핑 등 이 모두가 조화를 이루는 종합도시다.

북구는 신공항의 첫 관문이 되어야 한다. 이것은 단순한 경제전략이 아니라 도시 브랜드를 다시 쓰는 일이다. 도시의 미래는 연결이며, 하늘길이 열린 도시만이 대한민국과 세계의 흐름 속에서 성장한다.

신공항 개항 일정과 연동하여 북구 환승허브를 구축하고 엑스코선·공항급행버스·리무진의 다중 연결을 통해 공항 접근성을 고도화한다.

공항 근로자·승무원 정주단지와 호텔·리테일·MICE를 결합하고 EXCO - 하중도 - 동대구를 잇는 하프데이 환승관광 패키지를 설계하여 체류·소비 증대 전략을 병행한다. 공항공사·관광공사·지자체의 삼자 거버넌스로 운영 효율을 확보한다.

필요성은 첫째, 공항 수혜를 생활경제로 전환하는 체감형 파이프라인이 지역에 요구된다는 점이다. 둘째, 서비스 산업(호텔·관광·교통·리테일)의 고용 확대는 청년층·경력단절 인력의 재진입 기회를 넓힌다. 셋째, 관문도시로서의 상징성과 접근성은 기업·관광유치 경쟁력을 강화하며, 넷째, 내외국인 수요 변동에 대응하는 MICE·주말관광 보완전략은 사업의 안정성을 높인다.

7. 북구 잡월드:
도청 후적지 연계 진로·직무 체험-훈련-매칭 허브

성남 한국잡월드 모델(어린이·청소년·청년 직무체험)을 북구형 실습·훈련·채용 플랫폼으로 확장(청년·경력단절 재도전 포함)

꿈은 우연히 자라지 않는다. 경험이 씨앗이 되고 기회가 햇빛이 되며 사회가 물을 주어야 한다. 하지만 지금의 청년과 중장년은 너무 많은 것을 혼자 견디며 살아가고 있다.

직업을 경험할 기회도, 새로운 분야에 도전할 기회도, 재취업을 위한 문도 좁다. 그래서 북구 잡월드는 "직업" 중심의 시설이 아니라, 삶의 전환을 돕는 도시 플랫폼이다.

아이는 꿈을 찾고, 청년은 진로를 찾고, 중장년은 재기하고, 기업은 사람을 발견하고, 학교는 교육의 지평을 넓힌다. 도시가 청년을 지켜낼 때 도시는 비로소 미래를 갖게 된다.

어린 시절 어른들이 하는 일을 보며 '나도 저런 사람이 되고 싶다'고 생각한 적이 있을 것이다. 꿈은 그런 작은 경험에서 시작된다. 하지만 지금의 아이들과 청년들은 직업을 경험할 기회도, 미래를 상상할 기회도 충분하지 않다.

나는 북구의 청년들이 "서울로 가야만 기회가 있다"는 오래된 고정관념을 깨고 바로 이곳에서 자신의 길을 찾게 만들고 싶다.

도청 후적지와 연계하여 직무체험관·산업체 연계관·훈련캠퍼스의 3축 체계를 구축하고, 학교교육과 기업 진로 융합, 현장실습·인턴·채용트랙을 통합 설계한다.

고용노동부·교육청 협업과 기업 CSR·입장수입을 활용한 운영 재원 다각화를 추진하며, 학부모·교사 자문단, 진로 페스티벌을 정례화하여 교육-고용-지역사회의 상호 신뢰를 구축한다.

필요성은 첫째, 청소년·청년·경력단절 인력의 "경험-역량-매칭"의 연속체를 한 공간에서 제공함으로써 진로 확신과 취업 연계를 실질적으로 높일 수 있다는 점이다. 둘째, 4차 산업·의료·관광·공공안전 등 지역 유망직무를 체험형 콘텐츠로 제시해 지역 이탈을 감소시키고, 셋째, 산학 일체형 모델은 지역기업의 인력 미스매치를 완화한다. 넷째, 교육과 산업을 매개로 한 공동체 학습 구조는 사회적 자본을 축적한다.

8. 문화도시 북구:
BTS(뷔·슈가) 스토리-구암동 고분군-팔거산성
헤리티지 루프

글로벌 K-컬처 아이콘(BTS 출신지 스토리텔링)과 구암동 고분군·팔거산성을 잇는 역사·대중문화 복합 관광·교육 루프

도시는 무엇으로 기억되는가? 높은 빌딩도, 넓은 도로도 아니다. 그 도시만이 가진 이야기, 사람, 유산, 정서가 도시의 진짜 얼굴이다.

북구는 BTS의 서사, 구암동 고분군의 역사, 팔거산성의 시간, 골목의 숨결, 이 모든 것을 가진 문화도시의 잠재력을 폭발적으로 품고 있는 도시다.

문화도시는 단순한 축제도, 관광도, 도시마케팅도 아니다. 문화도시는 '우리가 누구인지'를 다시 묻는 과정이다. 그리고 그 답을 미래세대와 함께 만들어가는 일이다.

북구는 '과거'와 '현재'와 '미래'를 가장 자연스럽게 연결할 수 있는 도시다. 사람이 머물고 싶고, 배우고 싶고, 생각에 잠기게 되는 도시. 그런 도시가 진짜 강한 도시다. 나는 문화도시 북구가 대구의 영혼이 되고, 대한민국의 새로운 K-컬처 성지가 되도록 만들겠다.

역사(구암동 고분군·팔거산성)와 K-컬처(BTS 스토리)를 결합

한 교육·관광·공연의 복합 루프를 조성한다. BTS 메모리얼 트레일·뮤직벤치, 고분군 AR 해설·라이트업, 팔거산성 성곽길·공연 포인트, 청소년 K-컬처 아카데미를 단계적으로 배치하고, 문화도시·관광콘텐츠 공모와 민간 스폰서십을 결합한다.

또한 원형 보존과 수익의 지역 환원, 주민 큐레이터·청년 도슨트 양성으로 공공성과 참여성을 동시에 담보한다.

필요성은 첫째, "일상에서 즐기는 문화·교육"에 대한 주민 수요와 청소년 참여 욕구가 가파르게 증가한다는 점이다. 둘째, K-컬처의 글로벌 파급력과 야간·체류형 관광은 지역 상권 활성화에 직접적 효과를 낳는다. 셋째, 역사유산과 현대문화의 결합은 도시 정체성을 강화하며, 넷째, 주민 참여형 운영모델은 과도한 상업화 우려를 낮추고 지속가능성을 높인다.

9. 메디컬 컴플렉스: 농진청(후적지) - 칠곡경북대병원 확장형 의료·바이오 파크

농촌진흥 관련 후적지를 헬스·푸드테크·고령친화 의료기기 테스트베드로 전환, 칠곡경북대병원과 쌍축

고령화는 피할 수 없는 미래가 아니다. 준비하지 않는 도시에게만 위기다. 북구는 칠곡경북대병원의 임상 기반, 농진청 후적지의 산업 가능성, 의료기기 기업의 성장세 등을 가진, 대한민국에서 가장 혁신적 의료도시로 도약할 수 있는 지역이다.

질병은 개인의 문제가 아니다. 가정의 문제이고 사회의 문제이며 도시의 책임이다. 고령화, 만성질환, 돌봄의 위기, 이 모든 사회문제는 결국 '건강'에서 출발한다.

메디컬 컴플렉스는 의료·바이오·푸드테크를 결합한 새로운 형태의 도시혁신 전략이다. 나는 북구가 "건강 수명 1위 도시", "의료산업 선도 도시", "돌봄과 산업이 함께 성장하는 도시"가 되도록 만들겠다.

사람을 오래 살게 하는 도시, 건강하게 살게 하는 도시, 그리고 그 과정에서 새로운 산업을 만드는 도시. 이것이 북구가 선택해야 할 다음 단계의 미래다. 나는 이 도시가 건강 수명과 경제적 활력을 동시에 확장하는 대한민국 최초의 모델이 되길 바란다.

농진청 후적지 등 가용 부지를 식의약·푸드테크 규제특례 실증, 병원 연계 임상-실증-사업화, 실버헬스케어 리빙랩의 삼중 구조로 재편하여 칠곡경북대병원과 쌍축의 메디컬 컴플렉스를 구축한다.

규제샌드박스·TIPS·모태펀드와 연동된 창업·성장 금융 사다리를 마련하고 시민 대상 건강리터러시 교육·무료검진을 병행해 공공성과 수용성을 제고한다.

필요성은 첫째, 만성질환 관리·식단·재활 등 생활 건강 서비스의 질적 향상이 주민 삶의 질을 좌우한다는 점이다. 둘째, 식의

약·푸드테크·의료기기 스타트업의 지역 실증 기반은 창업 생태계를 가속한다. 셋째, 병원 인접의 실증 - 사업화 파이프라인은 시간·비용을 절감하여 기업 경쟁력을 높이며, 넷째, 데이터·윤리 거버넌스는 혁신의 사회적 신뢰를 공고히 한다.

10. 스타필드 · 광역유통 허브: 농수산물도매시장 이전부지 쇼핑 + 물류 + 푸드테크

스타필드 유치를 앵커로, 인근에 신선물류 · 푸드테크 테스트 키친 · 지역상생마켓 결합한 광역유통 허브 조성

상권은 도시의 혈관이다. 사람이 모이는 곳에 경제가 생기고 경제가 생기는 곳에 문화가 생긴다.

대형 쇼핑몰은 더 이상 단순한 소비공간이 아니라 관광 · 문화 · 일자리 · 물류가 결합하는 미래형 복합경제 플랫폼이다.

스타필드 유치는 북구의 상업지도를 다시 그릴 기회이며 청년창업 · 지역브랜드 · 소상공인 상생 모델을 함께 구축할 기회이다.

나는 이 사업을 "독점이 아닌 상생", "소비가 아닌 기회", "유통이 아닌 미래산업"으로 만들고 싶다. 경제가 살아나는 도시, 일자리가 늘어나는 도시, 청년이 꿈꾸는 도시, 이것이 북구의 미래다.

도시의 상권은 사람의 혈관과 같다. 혈관이 막히면 몸이 아프듯 상권이 쇠퇴하면 도시는 활력을 잃는다.

북구의 상권은 오래전부터 이마트·이시아폴리스·대형 쇼핑몰의 외곽 확장에 밀려 중심지 기능을 잃어왔다. 그러나 신공항 개항, 엑스코 확장, 금호강 관광수요 증가라는 호재와 맞물리며 북구는 다시 상권 중심이 될 수 있는 절호의 기회를 맞았다.

스타필드는 단순한 대형유통시설이 아니다. 이것은 지역 브랜드, 지역 농산물, 청년 창업, 관광 소비, 신선물류·푸드테크 라는 경제를 연결되는 도시 경제 플랫폼 구축이다.

도매시장 이전부지에 민간 앵커(스타필드)와 지역상생관(전통시장·청년브랜드), 신선물류 DC·콜드체인, 푸드테크 테스트 키친을 통합한 광역유통 허브를 조성한다.

농수산대 연계 인력양성 프로그램을 도입하고, 상생기금·공동마케팅·전통시장 셔틀로 골목상권과의 공존 모델을 설계한다. 인허가는 패스트트랙을 적용하되 교통혼잡 완화대책을 병행한다.

사업 필요성은 첫째, 원스톱 쇼핑·문화·가족 여가 수요와 지역 브랜드 판로 확대 요구가 결합되어 대규모 복합 허브의 경제적 타당성이 높다는 점이다. 둘째, 리테일·물류·푸드테크 연계는 청년 창업과 서비스 일자리를 확대한다. 셋째, 상생 장치를 전제로 한 민간투자 도입은 재정 부담을 낮추고 지역경제의 파급효과를 극대화하며, 넷째, 교통·환경 영향의 사전 대응은 사업의 사회적 수용성을 강화한다.

국내 참고문헌 (가나다 순)

1. 건강보험심사평가원. (2023). 디지털 헬스케어 적용 과제와 시범사업 현황. [검증 필요]
2. 경상북대학교병원 칠곡캠퍼스. (2023). 권역암센터 운영성과 보고서.
3. 경향신문. (2019, 3월 15일). '2·28 민주로' 명명 제안 관련 시정질문 보도.
4. 고용노동부. (2023). 지역 일자리 연계형 직업훈련 추진계획. [검증 필요]
5. 구 문화재단(대구문화재단). (2023). 대구 문화도시 조성계획.
6. 국토교통부. (2022). 도시철도망 구축계획 수립지침(개정).
7. 국회입법조사처. (2023). 도심융합특구 법·제도 분석과 과제. [검증 필요]
8. 김대중. (1998, 2월 25일). 대통령 취임사 - 민주주의와 복지의 조화. 청와대기록관.
9. 노무현. (2003, 2월 25일). 대통령 취임사 - 원칙과 신뢰의 정치. 청와대기록관.
10. 대구광역시. (2022). 대구 2040 도시기본계획.
11. 대구광역시. (2023). 도시철도 4호선(엑스코선) 구축계획.
12. 대구광역시. (2023). 스마트시티 전략 및 환경정책 보고서. [검증 필요]
13. 대구MCouncil. (2016, 11월 24일). 문화복지위원장 당선 보도자료.
14. 대구MCouncil. (2017, 6월 14일). 문화복지위원회 현장 활동 보도 - 생활체육대축전 등.
15. 대구MCouncil. (2019, 3월 15일). '2·28민주로' 제안 시정질문 보도.
16. 대구MCouncil. (2019, 7월 26일). 「2·28 민주운동 기념조례」 전부개정 의안처리 결과.
17. 대구북구의회. (2009, 9월 7일). 제171회 본회의 구정질문 - 자율형사립고·우수사립고 유치 제안.
18. 대구북구의회. (2009, 10월 21~22일). 제172회 도시건설위원회 회의록 - 위원장 진행·행정사무감사계획 채택.
19. 대구북구의회. (2017, 11월 9일). 여성가족정책관 행정사무감사 지적.

20. 대구북구의회. (2019, 7월 26일). 「2·28 민주운동 기념사업 조례 전부개정」 본회의 가결 기록.

21. 대구북구의회. (상시). 「경증치매노인 기억학교 설치 및 운영 조례」 및 운영 현황보고.

22. 대구광역시의회. (2013, 4월 22일). 북구 칠곡 교육현안 간담회 개최 보도자료.

23. 대구광역시의회. (2019, 3월 15일). '2·28민주로' 명명 제안 시정질문 자료.

24. 대구일보. (2023, 7월 4일). 엑스코선 2030 완공 추진 - 경대~연경 잇는 핵심노선.

25. 매일경제. (2024, 2월 9일). 대구신공항 관문도시 전략 - 북구 중심으로 확대 논의.

26. 매일신문. (2023, 10월 8일). 금호강 하중도, 국가정원 후보지로 급부상.

27. 법제처. (2019, 7월 26일). 「2·28 민주운동 기념사업 조례 전부개정」 공포문.

28. 법제처. (2023). 도심융합특구 조성 및 육성에 관한 특별법 및 시행령·시행규칙.

29. 법제처. (상시). 「경증치매노인 기억학교 설치 및 운영 조례」 법령 정보.

30. 보건복지부. (2023). 지역사회 통합돌봄(커뮤니티 케어) 종합계획(보완판). [검증 필요]

31. 산업통상자원부. (2023). 지역 산학연 클러스터(특화단지) 조성 추진 계획.

32. 산림청. (2023). 국가정원 지정 및 관리지침.

33. 서울특별시. (2016~2023). 찾아가는 동주민센터(찾동) 백서 및 연차별 성과.

34. 세계타임즈. (2017, 6월 14일). 대구 북구문화복지위원회 현장 활동 - 생활체육대축전 참석.

35. 세계타임즈. (2020, 11월 30일). 제279회 본회의 5분 자유발언 - 대구소년원 이전 촉구.

36. 식품의약품안전처 · 보건복지부. (연도 미상). 규제샌드박스 관련 자료 모음. [검증 필요]
37. 윤보선. (1960, 8월 13일). 도덕적 정치의 필요성 (연설). 국가기록원.
38. 중앙선거관리위원회. (2022). 제20대 대통령선거 각 후보 공약집.
39. 칠곡경북대학교병원. (2023). 병원 개요 및 권역센터 현황 (웹페이지).
40. 한국경제TV. (2024, 1월 15일). 대구 - 구미 상생경제벨트 구상 본격화.
41. 한국행정연구원. (2023). 지방분권과 지역발전 정책평가.
42. 한병철. (2020). 정치의 본질. 문학동네.
43. 한양대학교 출판부(정석). (2021). 도시재생과 지역균형발전.

해외 참고문헌 (알파벳순)

1. BAMF (Federal Office for Migration and Refugees). (2019~2023). Integration courses and policy briefs. Berlin: BAMF.
2. Canadian Urban Institute. (2022). Downtown revitalization and mixed-use redevelopment guide. Toronto: CUI.
3. Danish Agency for Labour Market and Recruitment. (2022). Disability employment and inclusive labour market: Annual overview. Copenhagen: Danish Government.
4. Dewey, J. (1916). Democracy and education. New York, NY: Macmillan.
5. European Commission. (2021). EU Smart Cities Marketplace: Integrated planning guidelines. Brussels: European Commission.
6. Habermas, J. (1996). Between facts and norms: Contributions to a discourse theory of law and democracy. Cambridge, MA: MIT Press.
7. IRJ (International Railway Journal). (2023). Daegu EXCO Line project coverage. London: IRJ.
8. Jacobs, J. (1961). The death and life of great American cities. New York, NY: Random House.
9. Kela (Social Insurance Institution of Finland). (2020). Results of

Finland's basic income experiment 2017-2018. Helsinki: Kela.

10. MHLW (Ministry of Health, Labour and Welfare, Japan). (2017-2023). Community-based integrated care system (地域包括ケア) policy documents. Tokyo: MHLW.

11. OECD. (2020). Local development and inclusive growth framework. Paris: OECD.

12. Rawls, J. (1971). A theory of justice. Cambridge, MA: Harvard University Press.

13. SALAR (Swedish Association of Local Authorities and Regions). (2018~2022). Citizen dialogue & participatory budgeting in Swedish municipalities. Stockholm: SALAR.

14. Sen, A. (1999). Development as freedom. Oxford, UK: Oxford University Press.

15. Singapore Urban Redevelopment Authority. (2020). Smart Nation and urban planning blueprint. Singapore: URA.

16. U.S. Department of Transportation. (2021). Transit-oriented development planning pilot program. Washington, DC: USDOT.

17. UN-Habitat. (2021). Sustainable urban development report. Nairobi:

18. United Nations Human Settlements Programme.

19. UNESCO Creative Cities Network. (2021). Guidelines for cultural and creative city designation. Paris: UNESCO.

20. WHO (World Health Organization). (2022). Age-friendly cities framework. Geneva: WHO.

김규학이 꿈꾸는 세상

세상을 바꾸는 건
혁명이 아니라 연대다

에필로그

미래 세대와 함께 가는
복지와 포용의 정치

미래 세대와 함께 가는
복지와 포용의 정치

"정치의 마지막 목표는
시민의 행복, 그리고
미래 세대의 희망이다."

도시는 늘 새벽에 깨어난다. 낙동강 위로 피어오르는 안개, 출근길에 들려오는 버스의 소리, 학교로 향하는 아이들의 웃음. 그 속에서 나는 정치가 무엇인지를 배웠다.

정치는 거창한 담론이 아니라 그 아이들이 웃을 수 있는 내일을 지켜주는 일이다. 우리가 오늘 세운 도시는 결국 그들의 세상이 될 것이고, 우리가 남긴 결정은 그들의 삶이 된다.

그래서 늘 스스로에게 묻는다.

"나는 지금 다음 세대를 위한 정치를 하고 있는가?"

오랜 세월 북구의 길을 걸으며 시민의 숨결 속에서 정치의 의미를 배웠다. 의정의 한 걸음 한 걸음은 정책이 아니라 사람의 이야기였다.

복지 사각지대의 어르신, 창업을 준비하던 청년, 장애와 싸우는 가족, 그리고 이주민으로서 이 도시의 일부가 되려는 다문화 시민들까지, 그들의 삶이 곧 나의 정치 교과서였다.

대구 북구의 정치도 다시 쓰여야 한다. 분열과 갈등이 아니라, 이해와 협력으로 시민을 묶는 정치. 그것이 내가 꿈꾸는 지도자의 길이다. 오늘 우리가 직면한 시대는 빠르게 변하고 있다. 기후위기, 고령화, 청년 실업, 기술의 양극화, 문화의 단절, 그 어느 하나도 가벼운 과제가 아니다.

하지만 나는 두려워하지 않는다. 왜냐하면 이 도시는 언제나 위기 속에서 다시 일어섰기 때문이다. 공단의 쇠퇴 속에서도 새로운 산업을 만들었고 경제의 한계 속에서도 사람의 마음을 중심에 둔 공동체를 일궈왔다. 그것이 대구 북구의 정신이며 그 정신이 나의 정치 출발점이었다.

"우리가 세상을 떠날 때, 후대는 우리가 남긴 세상에서 살게 된다." (존 F. 케네디)

케네디의 이 말처럼 정치의 진짜 목표는 오늘의 표가 아니라 내일의 세대다. 그들에게 더 나은 환경, 더 공정한 사회, 더 따뜻한 공동체를 물려주는 것. 그것이 내가 지닌 책임이고, 나의 사명이다.

낙동강의 푸른 생명, 상생경제의 도약, 문화예술의 꽃, 과학경제의 혁신, 이 모든 비전은 결국 한 곳으로 향한다. 바로 '사람이 중심이 되는 미래 도시' 다. 정치가 기술을 품고, 경제가 인간을 품으며, 예술이 사회를 품는 도시, 그곳에서 아이들은 꿈꾸고, 청년은 도전하며, 어르신은 존중받는다. 이런 도시를 위해 내 모든 경험과 신념을 바치기로 했다.

정치란 결국 시간과의 대화다. 과거의 경험이 현재의 지혜가 되고, 현재의 결단이 미래의 희망이 된다. 나는 이 순간에도 다짐한다.

권력의 높이가 아니라, 시민의 눈높이에서 세상을 보겠다고.
성과의 크기가 아니라, 변화를 진심으로 평가받겠다고.
나의 이름보다 시민의 삶이 기억되는 정치를 하겠다고.

"한 사람의 꿈은 희망에 불과하지만, 모두의 꿈은 현실이 된다." (마틴 루터 킹 주니어)

나는 믿는다. 함께 가는 정치, 함께 웃는 도시, 함께 나누는 미래가 가능하다는 것을.

정치는 그 믿음을 제도로 바꾸는 일이다. 그래서 나는 오늘도 시민과 함께 걷는다.

느리지만 확실한 걸음으로, 이 도시의 내일이 조금 더 따뜻해지길 바라며.

이 책을 마무리하면서 주민과 독자에게 고백으로 다짐과 약속을 바친다.

첫째, 나는 세대 간의 정의를 지키겠다.

지금의 결정이 미래 세대의 짐이 되지 않도록, 지속 가능한 정치와 재정, 환경의 균형을 지켜가겠다.

둘째, 나는 시민의 정치, 참여의 정치를 확립하겠다.

행정의 문턱을 낮추고, 시민의 목소리를 정책의 중심에 두겠다.

셋째, 나는 문화와 예술, 과학과 복지, 경제와 환경이 하나의 유기적 생대로 언결되는 '통합정치' 를 완성하겠다.

넷째, 나는 대구 북구를 대한민국의 모범으로 만들겠다.

약자와 함께하고, 청년을 일으키며, 어르신을 존중하는 도시. 그 도시의 이름이 '희망' 이 되도록 모든 열정을 다하겠다.

이 책은 한 정치인의 기록이 아니라 미래와의 약속이다. 대구 북구의 새로운 이야기가 시작될 것이다. 나는 오늘도 다짐한다.

"함께 가야 더 멀리 간다."

"요즘 장사는 좀 어떠세요?"

김규학 의원을 처음 만난 날을 나는 아직도 또렷이 기억합니다. 정책 간담회도, 기자가 있는 공식 행사도 아니었습니다.

손님이 뜸해진 평일 오후 다섯 시가 지나가고 있을 때쯤, 가게 앞 거리에 그림자가 길게 늘어질 무렵이었는데, 그는 정장을 입고 있었지만 명함부터 내밀지 않았습니다. 대신 가게 문턱에 서서 조심스럽게 그다음 말을 했습니다.

"제일 힘든 게 뭔지부터 듣고 싶습니다. 오늘 하루를 가장 힘들게 만든 게 뭔지요."

그날 나는 처음으로 오랫동안 마음에 담아두었던 말들을 담담히 꺼내기 시작했습니다.

"내가 일하고 있는 전자관에만 해도 270여 개의 사업자가 하루하루 열심히 일하고 있지만, 매일 힘들고 고달프다는 이야기들을 많이 하고 있습니다. 전자제품의 특성상 한번 구입하면 오랫동안 재구매가 어렵기도 하지만, 코로나 펜데믹 이후 당연히 한 번쯤은 찾아와서 제품을 살펴보고 구매하던 고객들이 온라인 매장으로 많이 발길을 돌리게 되면서, 수백 개의 점포가 수천 개의 제품들을 전시해 놓고 있음에도 불구하고 차츰 찾아오는 고객들이 줄어들고 있는 실정이 가장 힘든 부분입니다."

인건비를 줄이느라 혼자 마감까지 해야 했던 날들, 혼수철이나 이사철이 와도 재고를 넉넉히 들이지 못하는 불안까지 하나씩 하나씩 덧붙였습니다.

그는 가게 안으로 들어와 손님이 들어와서 상품을 살펴보고 바로 나가는 자리, 어느 정도의 재고가 있는지, 주위의 다른 점포들 상황은 어떤지, 하루를 마감하는 시간까지의 일들을 찬찬히 작은 수첩에 적어 내려갔습니다.

앞으로 계속 유통단지와 전자관 활성화와 고객 유치를 위해 어떤 부분이 필요한지, 대구시와 북구에서 할 수 있는 부분은 어떤 것들이 있는지를 살펴보고 개선해 보려는 의지를 보이는 김규학 의원은 우리를 대상으로 보지 않고 현장의 증언자로 함께하고 있음을 알게 되었습니다.

언제나 시민들과 함께하며 작은 이야기를 귀 기울여 듣고 만들어진 이 책은 정치인의 저서가 아니라 우리 같은 소상공인들이 겪어 온 하루하루의 현실을 이해해 준 작은 공간입니다.

– 이영호 유통단지전자관 이사장

시장은 사람의 이름이 있는 곳입니다.

"오늘 김 사장은 안 나오셨네"라는 말이 오가고, "저 집은 손주 입학식이라 문 닫았데"라는 소식이 자연스럽게 퍼집니다.

계절이 바뀌는 시간이 있고, 비 오는 날이면 생선 좌판 앞에 고이는 물을 함께 걱정하는 사람들이 있고, 수십 년 장사를 하며 쌓인 기억이 바닥 타일처럼 겹겹이 깔린 곳입니다.

김규학 의원은 그런 시장을 대하는 태도부터 달랐습니다.

그는 시장을 방문할 때 사진 찍고 인사만 하고 지나가는 '행사 일정'처럼 대하지 않았고, 아침 장이 열릴 무렵에 들어와 점심 장사가 끝날 때까지 자리를 지켰습니다.

고기를 손질하던 정육점 주인, 허리를 굽혀 채소를 정리하던 할머니 상인, 새벽 배송 때문에 잠을 제대로 못 잔 청과 상인의 이야기를 나누고는 했습니다.

우리는 비 오는 날 미끄러운 바닥 이야기를 꺼냈고, 화장실 위치가 멀어 노인 손님이 발길을 돌렸던 일을 말했습니다. 배송 차량이 들어와야 하는 시간과 손님이 가장 몰리는 시간이 겹쳐 늘 눈치를 봐야 하는 현실도 털어 놓았습니다. 시장 통로가 조금만 더 넓었어도 유모차 손님을 놓치지 않았을 거라는 아쉬움도 이야기 했습니다.

이런 말들을 듣고 있는 김규학 의원에게서는 '다 해결하겠습니다'보다는 '이해하겠습니다'는 태도가 먼저 느껴졌습니다. 우리는 그게 좋았습니다. 언제나 낮은 자세로 진정성 있게 우리들의 이야기를 듣고 함께하려는 그 마음이 나의 마음도 가볍게 한 것 같습니다.

전통시장을 과거의 유물이 아니라 여전히 숨 쉬는 삶의 현장으로 바라보는 시선, 그리고 그 시선에서 출발한 마음을 이 책에 담았다고 생각합니다.

이 책은 전통시장이 사람이 모여 사는 공간이고 삶의 한 부분이라고 하는 것 같습니다.

- 박재청 칠성시장, 대구광역시상인연합회 회장

내가 가끔 가는 식당 현관 앞에는 낮은 문턱이 하나 있습니다. 누군가에게는 보이지도 않을 높이지만, 우리 가족에게는 매일의 장벽입니다. 휠체어를 타고 외출할 때마다 우리는 그 문턱 앞에서 잠시 멈추게 되고, 도와줄 사람이 없는 날에는 주인을 큰 소리로 부르거나 다른 식당으로 가고는 합니다.

장애인을 위한 정책은 늘 멀리 있었습니다. 장애인 복지 정책은 브리핑 자료 속에 있었고, 현실의 문턱은 그대로였습니다.

복지관 간담회가 끝난 뒤, 김규학 의원을 처음 만난 날의 기억이 선명합니다.

"집까지 가는 길, 괜찮을까요?"

그 말은 정치인의 말투가 아니었습니다. 장애인을 알고, 현장을 알고, 우리들의 어려움을 이해하고 있는 사람의 말이었습니다.

그의 따뜻한 마음이 고스란히 이 책에 기록되어 있습니다.

경증장애과 중증장애를 구분하는 행정 기준, 주거 환경 개선에서 제외되는 회색지대, 조례 문구 한 줄의 차이로 사라지는 지원을 다시 살려 내려는 하나하나가 따뜻한 마음입니다.

이 책에 등장하는 '동행이룸센터', '현장이동민원', '장애인·가족 통합지원'은 회의실에서 만들어진 개념이 아니라 나의 휠체어를 잡아주었던 김규학 의원의 손에서 시작된 이야기입니다.

한 사람의 일상 속 불편을 제도로 번역하는 일이라는 것을 이 책에서 조용히 말하고 있는 것 같아 내 마음도 따뜻해집니다.

－ **이기봉** 지체장애인, 영남장애인협회중앙회 회장

가게 문을 여는 매일 아침, 저는 숫자보다 먼저 마음을 계산합니다. 오늘은 버틸 수 있을까, 오늘도 손님을 기다릴 수 있을까.

이 책을 읽으며 저는 처음으로 '나 혼자만의 싸움이 아니었구나'라는 위로를 받았습니다. 화려한 정책 용어 대신, 우리 같은 소상공인의 하루가 그대로 담겨 있었기 때문입니다.

전기요금 고지서 앞에서 한숨 쉬는 순간, 임대료 인상 통보에 마음이 내려앉는 날, 점심시간 단속 사이렌 소리에 손님 발길이 끊기는 현실까지 이 책은 그 모든 장면을 외면하지 않았습니다.

김규학 의원은 책상 위에서가 아니라 가게 문턱에서 이야기를 시작했습니다. 명함보다 먼저 눈을 맞추고, 성과보다 먼저 우리의 사정을 들었습니다. 그래서 이 글들에는 '약속' 보다 '기억' 이, '계획' 보다 '사람' 이 남아 있습니다.

이 책은 누군가의 업적을 알리는 기록이 아니라, 오늘도 불을 켜고 서 있는 소상공인들에게 건네는 조용한 손길입니다. "당신의 이야기를 알고 있다."는 한마디가 얼마나 큰 힘이 되는지, 이 책은 스스로 증명합니다.

부디 이 책이 더 많은 이들의 손에 닿아, 작은 가게의 불빛이 정책의 언어로 이어지길 바랍니다. 그 길의 시작에 이 책이 있다는 사실만으로도, 저는 내일도 가게 문을 열 용기를 얻습니다.

소상공인으로 살아가는 한 사람의 마음으로, 이 책을 진심으로 추천합니다.

– 강영국 소상공인, 한올면옥 동대구점 대표

으면서도, 묘하게 닮아 있다는 생각이 들었습니다.

어쩌면 요리도 글도 결국은 사람을 향해 있다는 점에서, 같은 길 위에 있는지도 모르겠습니다. 이 책이 많은 분에게 각자의 자리에서 잠시 멈춰 서서 자신의 길을 돌아보게 하는 따뜻한 계기가 되기를 바랍니다.

출간을 진심으로 축하드립니다.

       – **박향숙** 학교급식조리사, 동평중학교 조리사

내가 하는 일은 하루에도 몇 번씩 병원 문을 드나들며, 누군가의 보호자 역할을 대신하며 접수부터 진료, 검사, 귀가까지 함께하는 일입니다.

의사와 간호사의 말 한마디를 놓치지 않기 위해 귀를 세우고, 대상자의 걸음 속도에 맞추어 병원 복도를 걷고 기다리는 일입니다.

내가 만나는 사람들은 '환자'라는 이름으로 불리지만 모두가 많은 사연을 안고 있습니다.

혼자 사는 노인, 치매 초기 증상이 있어 설명을 이해하지 못하는 분, 장애가 있어 이동이 어려운 분, 자녀가 있지만 직장 때문에 병원에 올 수 없는 가족들 한 분 한 분이 단순한 진료가 아니라 기다림을 함께 견뎌 줄 사람이고, 절차를 대신 설명해 줄 언어이며, 존엄을 지켜 주는 시간입니다.

이 책에서 말하는 복지와 돌봄은 바로 그 지점을 정확히 짚고 있는 듯합니다.

김규학 전 시의원의 글을 읽으며 나는 '기억학교' 와 지역돌봄정책을 다룬 대목에서 여러 번 책장을 멈추었습니다. 돌봄을 행정의 대상이 아니라 삶의 리듬을 회복하는 과정으로 바라보는 시선, 노인과 장애인을 '관리해야 할 존재' 가 아니라 함께 살아갈 이웃으로 대하는 태도, 이것은 현장을 모르면 쓸 수 없는 내용이 분명합니다.

　조금은 다르지만 비슷한 점도 많이 있는 병원동행 매니저로 일하며 나는 자주 이런 질문을 받곤 합니다.

　"이런 서비스는 왜 이제야 생긴 거죠?"

　그 질문 앞에서 나는 늘 답을 망설였습니다. 정책이 늦어서라고 말하기엔 너무 많은 삶이 이미 흘러갔기 때문입니다.

　하지만 이 책에서는 그 늦음을 인정하면서도 다시 시작하겠다는 책임을 이야기하고 있습니다. 기억학교와 병원동행은 그 시작점이 너무나 닮았기 때문입니다.

　그래서 병원 복도에서, 엘리베이터 앞에서, 진료 대기 의자 옆에서 수없이 마주한 사람들의 이야기를 마치 알고 있는 듯한 이 책을 추천합니다.

　돌봄을 일로 삼는 사람에게, 그리고 언젠가 누군가의 동행이 필요해질 우리 모두에게.

- 김윤희 병원동행매니저, 더동행 대표

　내가 일하고 있는 어린이집에는 아침이면 울며 들어오는 아이가 있고, 퇴근 시간에 맞춰 서둘러 아이를 데리러 오는 부모가 있습니다. 교사들은 아이 한 명, 한 명의 감정과 안전을 책임지며 자신의 하루를 늘 뒤로 미룹니다.

김규학 의원을 처음 만났을 때 나는 정책 이야기를 하지 않았고 대신 이런 말을 했습니다.

"아이가 아플 때 연락이 안 되는 부모도 있고, 교사가 부족해 점심 시간을 나눠 쓰는 날도 있습니다. 그런데 이 모든 상황은 어느 서류에도 제대로 담기지 않습니다."

그는 노트를 꺼내 들었고 "예산이 얼마나 필요합니까?"라고 묻기보다는 "원장님 하루는 몇 시에 시작됩니까?"라며 내 얼굴을 보면서 대답을 기다리고 있었습니다.

그 질문은 정책의 출발점이 달랐다는 증거였고 김규학 전 시의원이 돌봄과 교육 정책을 아이들 숫자로 계산하지 않는다는 마음을 담고 있다는 의미입니다.

내가 어린이집을 운영하며 힘들었던 이야기를 할 때 경청해 주신 김규학 의원을 기억하고 있고, "아침돌봄이나 연장보육 아이들에게는 더 따뜻하게 관심을 가지면 좋겠습니다."라면서 아이가 행복할 때 교사도 행복하다는 말로 언제가 가까이 있었습니다.

최근 어린이집 교사나 원장들의 바람이었던 아침돌봄과 연장보육에 따른 초과근로수당도 김규학 의원의 관심과 노력에 대한 대답이었다고 생각이 먼저 드는 것은 언제나 어린이 보육과 학부모와 교사들에게 가까이 있었기 때문이라고 느껴집니다.

아이를 맡기고 안심하고 일할 수 있는 부모님, 교사가 행복하게 아이를 돌보는 시스템, 아이가 편안하게 지낼 수 있는 보육 환경을 잔잔하게 이야기하는 이 책을 아이를 키우는 부모에게, 아이를 돌보는 교사에게, 그리고 아이의 하루를 정책으로 책임져야 할 모든 분께 추천합니다.

– 엄태순 어린이집 교사, 동그라미 어린이집 원장

　나 역시 한 가정의 아내이자, 오랜 시간 현장에서 일해 온 사회복지사입니다.

　젊은 시절에는 아침 일찍 출근해 밤늦게 돌아왔고, 달력을 넘기며 아이들 교육과 가족의 내일을 걱정하던 평범한 삶을 살아왔습니다.

　'어르신', '노인', '대상자'.

　현장에서 수없이 불러왔던 그 호칭이, 어느 날부터는 나에게 닥친 일이 되었습니다.

　그러던 중 친정아버지의 기억이 조금씩 흐려지기 시작했습니다.

　전문가로서 치매와 인지 저하를 알고 있었지만, 막상 가족의 일이 되자 그 지식은 쉽게 위로가 되지 않았습니다. 그때 김규학 의원이 설립에 관여한 '기억학교'를 알게 되었습니다.

　솔직히 처음에는 큰 기대를 하지 않았습니다. 비슷한 이름의 프로그램을 현장에서 많이 보아왔고, 형식에 그치는 경우도 적지 않았기 때문입니다. 하지만 기억학교는 달랐습니다. 그곳에서 저희 친정아버지는 '관리의 대상'이 아니라, 여전히 선택하고 배울 수 있는 한 사람으로 존중받고 있었습니다.

　기억학교의 프로그램을 통해 친정아버지는 다시 요일을 구분했고, 버스를 혼자 타는 연습을 했으며, 무엇보다 표정이 달라졌

습니다.

사회복지사로서 나는 그 변화를 압니다. 기능의 회복보다 더 중요한 것은 존엄이 회복되는 순간이라는 것을.

이 책에서 김규학 의원이 말하는 복지는 행정적 언어로만 설명되지 않습니다. 보조금이나 제도를 나열하는 정책서도 아닙니다. 사람이 다시 자신의 삶의 속도를 찾도록 돕는, 현장에 뿌리를 둔 실천적 제안입니다.

현장에서 일하며 나는 자주 보아 왔습니다. 정책이 어긋나면 사람은 침묵하게 되고, 정책이 제대로 작동하면 사람은 다시 말하기 시작한다는 것을.

기억학교를 통해 나는 처음으로 체감했습니다. 정치가 제대로 작동할 때, 한 사람의 하루가 달라질 수 있다는 사실을.

이 책을 읽으며 한가지 생각을 떠올려보게 되었습니다. "우리에게 예전보다는 조금 더 나은 내일이 있을지도 모른다."

          – 최정숙 참사랑기억학교 사회복지사

김규학이 꿈꾸는 세상

세상을 바꾸는 건
혁명이 아니라 연대다

발행일 ｜ 2026년 1월 31일

지은이 ｜ 김규학

펴낸이 ｜ 신중현
펴낸곳 ｜ 도서출판 학이사
　　　　출판등록 : 제25100-2005-28호
　　　　주소 : 대구광역시 달서구 문화회관11안길 22-1(장동)
　　　　전화 : (053) 554~3431, 3432 팩스 : (053) 554~3433
　　　　홈페이지 : http : // www.학이사.kr
　　　　이메일 : hes3431@naver.com

ISBN _ 979-11-5854-603-8 03330